中宣部2020年主题出版重点出版物
中国脱贫攻坚故事丛书

中国脱贫攻坚

江口故事

国务院扶贫办　组织编写

中国出版集团
研究出版社

图书在版编目 (CIP) 数据

中国脱贫攻坚．江口故事 / 国务院扶贫办
组织编写．-- 北京：研究出版社，2020.11
ISBN 978-7-5199-0627-6

Ⅰ．①中… Ⅱ．①国… Ⅲ．①扶贫 – 工作经验 – 案例 –
江口县 Ⅳ．① F126

中国版本图书馆 CIP 数据核字 (2019) 第 088171 号

中国脱贫攻坚　江口故事
ZHONGGUO TUOPIN GONGJIAN　JIANGKOU GUSHI

国务院扶贫办　组织编写

责任编辑：陈侠仁

研究出版社 出版发行
（100011　北京市朝阳区安华里 504 号 A 座）

河北赛文印刷有限公司　新华书店经销

2020 年 11 月第 1 版　2021 年 6 月北京第 2 次印刷
开本：787 毫米 ×1092 毫米　1/16　印张：14.25
字数：199 千字

ISBN 978 – 7 – 5199 – 0627 – 6　定价：53.00 元

邮购地址 100011　北京市朝阳区安华里 504 号 A 座
电话（010）64217619　64217612（发行中心）

“中国脱贫攻坚故事丛书”编审指导委员会

“中国脱贫攻坚故事丛书”编写工作组

骆艾荣　阎　艳　吕　方　李海金　陈　琦

刘　杰　袁　泉　梁　怡　孙晓岚

《中国脱贫攻坚　江口故事》编委会

主　　　任：杨华祥

副　主　任：杨　云　涂晓华　罗时跃

执行主任：龙晓成　杨　毅

执行副主任：陈　飞　姜茂文　胡国栋　刘元兴

成　　　员：柳江华　王天华　李　莉

主　　　编：田仁军

编　　　辑：肖　剑　杨子江　冉寒伟

摄　　　影：江口县委宣传部　江口县扶贫办

目录

CONTENTS

引子

Introduction

中国样本

世界减贫的历史镜头必将聚焦东方大国——中国！

消除贫困，实现共同富裕，是社会主义的本质要求，是中国共产党的历史使命。中国改革开放以来，成功地走出了一条中国特色扶贫开发的道路，使7亿多农村贫困人口脱贫。特别是中共十八大以来，以习近平同志为核心的党中央站在全面建成小康社会、实现中华民族伟大复兴中国梦的战略高度，明确目标任务，确定精准扶贫基本方略，在全国范围内全面打响脱贫攻坚战。

坚持政府主导战略，实行开发式扶贫方针，构建专项扶贫、行业扶贫、社会扶贫“三位一体”大扶贫格局，动员全社会力量扶贫济困……所有这些经验铸就了“中国式减贫”，在世界减贫史上留下了深深的中国印记。“中国式减贫”使中国成为世界上减贫人口最多的国家，也将成为世界上率先完成联合国千年发展目标的国家。

共和国脱贫攻坚的历史镜头，缓缓从东部沿海转移到中部，再转移到西部，在一个叫“贵州”的省份停下。

贵州曾经是中国最为贫困的地区之一，但贵州人民自强不息、坚毅顽强，他们有一种摧不垮的意志与精神。特别是党的十八大以来，在习近平新时代中国特色社会主义思想指引下，贵州牢记嘱托、感恩奋进，创造了贫困落后省份后发崛起的“贵州速度”，成为全国脱贫攻坚的“省级样本”。五年多来，贵州脱贫攻坚取得了伟大胜利，累计减少农村贫困人口923万人，减贫人数全国最多，贫困人口全部脱贫，贫困村全部出列，贫困县全部摘帽。

镜头最终渐渐聚焦于一片翠绿的土地——江口。

高空下，那片翠绿，宛如一颗翡翠明珠，镶嵌在贵州东北一隅，使人眼前一亮。这一片绿，让人心旷神怡，也让人刻骨铭心。江口人守住了这里的青山绿水，却徘徊在贫困线上。

然而，面对贫困，江口人岂甘屈服！

有一组特写镜头，注定要被历史铭记，成为共和国脱贫攻坚征途中的经典画面。

2013 年 11 月 3 日，习近平总书记考察湖南湘西十八洞村，在这里，他

首次提出了“精准扶贫”的重要思想，作出了“实事求是、因地制宜、分类指导、精准扶贫”的重要指示。后来习近平总书记在贵州调研时，进一步将“精准扶贫”思想概括为“扶贫对象精准、项目安排精准、资金使用精准、措施到户精准、因村派人精准、脱贫成效精准。”

“精准扶贫、精准脱贫”方略既是对长期制约因素的总攻，更是对新出现的问题的精确应对。

要精准扶贫，第一步该怎么走？

江口县凯德街道黑岩村

首先必须建档立卡。通过建档立卡对贫困村和贫困户进行精准识别，深入了解贫困状况，精确分析致贫原因，摸清帮扶对象需求，明确贫困帮扶主体，建立健全贫困村和贫困户档案。2013 年 12 月，中共中央办公厅印发文件，要求 2014 年各地要对每个贫困村、贫困户建档立卡，并建设全国扶贫信息网络系统。建档立卡和信息化建设是精准扶贫的基础和前提，国务院扶贫开发领导小组将其作为精准扶贫的第一战役，列为 2014 年的一号工程。

要将建档立卡在全国推广，必须先有样本。长期与贫困做斗争的江口人挺身而出，大胆实践，脱颖而出。

拉长焦距，一个叫“黑岩”的村子鲜活地出现在镜头里。

黑岩村地处凯德的西南部，属喀斯特地貌，海拔近 650 米，是典型的高山村。全村土地以丘陵和岩溶山地为主，属于中亚热带湿润季风气候区。当时黑岩村虽然自然生态优越、环境幽雅恬静、空气清新，具有丰富的自然景观和发展生态旅游与观光农业的基础，但它却是个不起眼的二类贫困村。

为了摆脱困难，黑岩村没有丝毫犹豫，抢先一步开始尝试探索建档立卡工作。2014 年刚开始这项工作时，不要说贫困户了，扶贫干部和村干部都

凯德街道办事处驻村干部给群众宣传讲解扶贫政策

很陌生。于是，干部们首先自己认真学，然后仔细领悟、吃透精神，再不厌其烦地进行宣传与讲解。

在精准扶贫建档立卡工作中，为确保程序完整规范，严格采取户主申请、村民小组提名、村民代表评议、村委会审查、乡镇政府审核、县扶贫办复核、县政府审批等程序，通过实地考察和民主评议等方式，准确识别贫困对象。为确保建档立卡程序的精准，扶贫工作队走访到户，对看屋、看人、看产业尤其重视。

建档立卡工作时间短、任务重，对驻村工作队要求很高。而且，调查贫困户的致贫原因、了解家庭收入、对他们的信息进行动态化管理难度很大。特别是老百姓对经济问题比较敏感，很多人为多享受国家扶贫政策，希望能被评上贫困户。为了识别出真正需要帮助的群众，走访到户是不能缺少的工作环节，这也是他们开展建档立卡工作面临的困难和挑战。按照省内标准，最后他们识别出来的贫困户分为一般贫困户、低保贫困户和五保贫困户3类。有劳动能力的贫困户通过扶贫产业、扶贫车间稳定就业脱贫，弱劳动力、半劳动力的贫困户通过开发公益性岗位就业脱贫，无劳动力的贫困户通过民政兜底保障脱贫。村委会还汇编了《黑岩村建档立卡2014年减贫计划》《黑岩村建档立卡结对帮扶》等20多册工作资料。从政策文件到贫困户信息，黑岩村精准扶贫工作真正做到了有据可依、档案清晰。

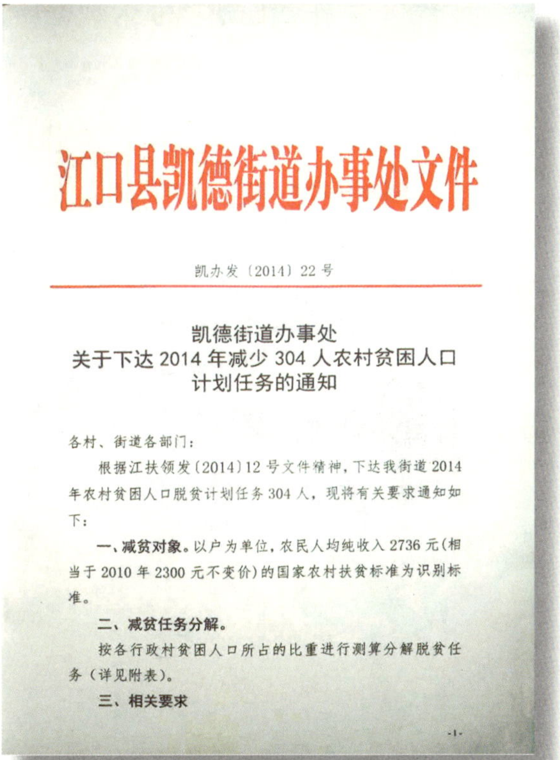

江口县凯德街道办事处文件

凯办发〔2014〕22号

凯德街道办事处
关于下达2014年减少304人农村贫困人口
计划任务的通知

各村、街道各部门：

根据江扶领发〔2014〕12号文件精神，下达我街道2014年农村贫困人口脱贫计划任务304人，现将有关要求通知如下：

一、减贫对象。以户为单位，农民人均纯收入2736元（相当于2010年2300元不变价）的国家农村扶贫标准为识别标准。

二、减贫任务分解。

按各行政村贫困人口所占的比重进行测算分解脱贫任务（详见附表）。

三、相关要求

-1-

凯德街道对黑岩村2014年建档立卡户减贫计划

建档立卡确立后，黑岩村根据村民的有劳动能力有产业、有劳动能力无产业、无劳动能力无产业等情况，创新扶贫利益联结机制，引进种植大户（企业），通过以奖代补、扶持大户等形式，发展长效产业，建起了“精准扶贫产业脱贫示范基地”，并采取扶持短效产业、发展“庭院经济”和入股分红三项机制，带动精准扶贫户脱贫致富。

黑岩村率先实现了精准扶贫建档立卡工作规范化、标准化和常态化，树立起真实具体、可学可比的标准化参照样板。为以点带面、全面推进精准扶贫建档立卡工作，使建档立卡数据质量普遍提高、纸质档案进一步规范，贵州省在全省范围内推广黑岩村经验，继而这一经验又在全国被推广学习。

建档立卡在我国扶贫开发历史上第一次实现贫困信息精准到户到人，第一次逐户分析致贫原因和脱贫需求，第一次构建起全国统一的扶贫开发信息

2014 年 7 月，全国扶贫办主任座谈会期间，国务院扶贫办主任刘永富指导江口县贫困人口建档立卡工作

系统，为实施精准扶贫、精准脱贫基本方略，出台“五个一批”政策举措提供了数据支撑，扣好了脱贫攻坚工作的“第一粒扣子”。

精准的措施、强有力的执行力使得江口脱贫的步伐更快更稳。短短几年时间，江口便实现了生态产业化、产业生态化，把绿水青山变成了“金山银山”，走出了一条百姓富、生态美、产业兴的绿色发展脱贫新路。

更令人振奋的是，2018 年 7 月，国务院扶贫办委托第三方评估机构对江口的脱贫攻坚进行了考核评估，江口以零漏评、零错退、群众认可度达 99.05% 的成绩，顺利实现整县脱贫摘帽。2019 年底，江口县提前实现现行标准下的贫困人口全部脱贫。2020 年 6 月，江口县脱贫攻坚案例入选高考试题。2020 年 12 月，江口县作为全国唯一县级层面代表参加国务院新闻办公室防止返贫监测和帮扶工作新闻发布会，向全国乃至全世界介绍江口县创

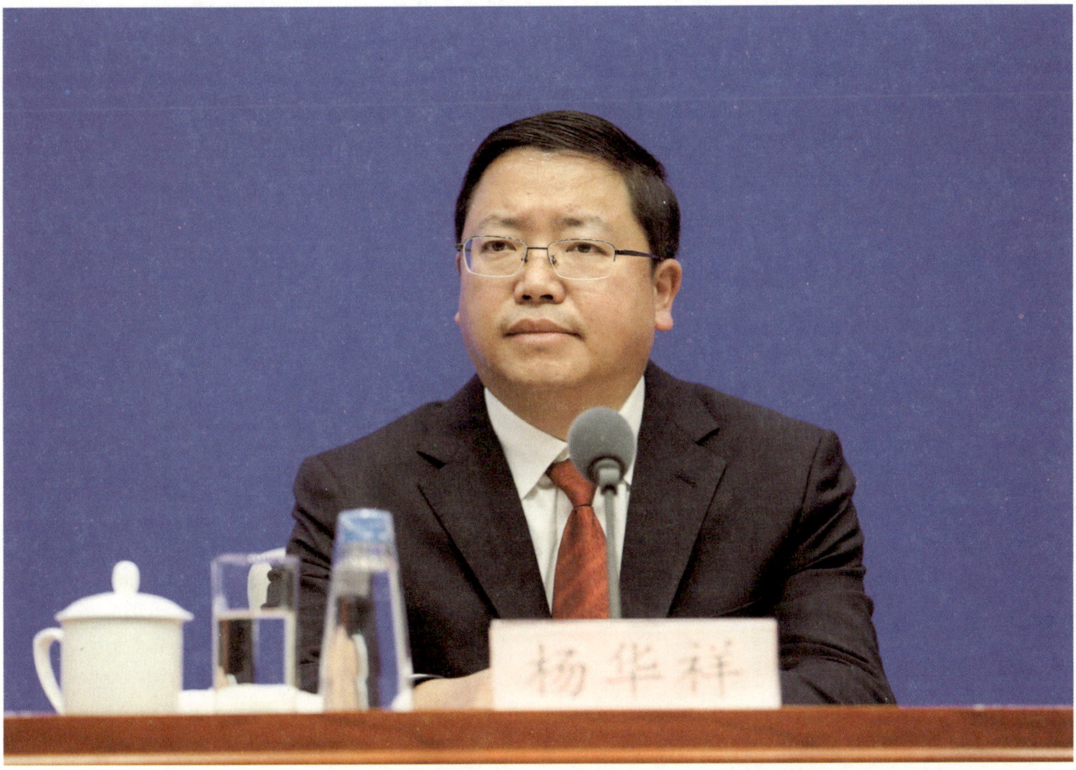

江口县委书记杨华祥应邀参加国务院新闻办公室防止返贫监测和帮扶工作新闻发布会

新建立防止返贫监测和动态帮扶的经验和做法，进一步展示了江口脱贫攻坚的经验和做法。

再次鸟瞰江口，依然一片翠绿，但不再是苦涩的记忆和枯燥的森林覆盖率，而是旺盛的生命、甜蜜的笑容和朝气蓬勃的未来。

镜头就此定格，定格在江口，定格成中国样本。

当然，脱贫成功的背后，有着江口广大党员干部和群众为实现精准扶贫、精准脱贫付出的汗水和心血。

01

Chapter

梦里歌谣

江口人世世代代、祖祖辈辈坚守着青山绿水，但也饱受贫困煎熬。曾经的江口，美得让人心醉，可穷得让人揪心。他们又何尝不想走出贫困，过上美好幸福的生活呢。

一、梵天净土

大自然就是这么奇妙!

一亿多年前的一次地质运动，一片海洋隆起抬升，形成了武陵山区特殊的地貌结构，也形成了一座座高山。而这一片山区最高峰海拔为 2494 米，后来生活在这片土地上的人们将其取名为梵净山；这一片山区还有一处独一无二的地貌，满眼是棱角平直、垂直陡峭的石林。

这是大自然的鬼斧神工，大山的馈赠。

而素有“黔东门户”之称的江口，正好位于梵净山山麓。江口有“梵净之子”之称，梵净山有着深厚的历史及文化渊源，更赋予了江口灵气与神奇。1880 年，贵州巡抚岑毓英为加强对梵净山的管理，奏请清廷将铜仁府属铜仁县移治大江口。1913 年，按照《北洋政府训示》铜仁县更名为江口县。

也因此，“梵净之子”——江口，有着令他们最为骄傲与自豪的“四最”。

江口有最神奇的山。这座山当然指的梵净山，她是中国五大佛教名山之一，被联合国教科文组织列入世界自然遗产名录，也是中国第 53 项世界遗产。梵净山还有“一山千溪武陵源”之称。发源于梵净山的五大河流有三条在江口境内，孕育了鱼米之乡，粮食生产成绩突出，两度受到国务院表彰。

神奇美丽的梵净山

江口有最干净的水。境内有 4 条主河流和 99 条溪，全部为二类以上水体，不论在哪条河哪条溪，每喝一口水，都无比甘甜。也因为此，农夫山泉饮用水项目选择落户梵净山。近年来江口县坚守发展和生态两条底线，依托得天独厚的资源优势，以山为媒做足绿色文章，以水为介做活特色产业，走出了一条富有江口特色的发展新路子。

溪水潺潺，清澈见底

江口有最清新的空气。全县森林覆盖率为77%，被中国气象服务协会誉为“中国天然氧吧”。2016年12月19日，中国绿色碳汇基金会印发《关于授予江口县“碳汇城市”称号的决定》，继河北省张家口市崇礼县、浙江省温州市泰顺县之后，江口成为全国第三个“碳汇城市”。何谓碳汇城市？就是森林覆盖率高，碳吸收量大，工矿企业少，市民望得见青山、看得见绿水、记得住乡愁，尊重自然格局，文化传承创新的城市。

生态环境好，空气质量全年优良率高达98.6%以上

江口有最多的稀有物种。梵净山有动植物6700余种，其中国家珍稀动植物60余种，被誉为“地球绿洲”“动植物基因库”“人类的宝贵遗产”。梵净山拥有的大量古老孑遗、珍稀濒危特有物种，拥有重要及显著的多元性生物自然生态栖息地和濒临绝种的动物种类。能够成功申遗，是国际社会对梵净山自然遗产价值和保护管理工作的认可，是对世界生物多样性保护的重要

贡献，是我国着力构建生物多样性保护网络取得明显成效的缩影，更是贵州以习近平总书记生态文明思想为指引、扎实推进建设国家生态文明试验区的重大成果。

大山的精灵——“世界独生子”黔金丝猴

国家一级保护植物珙桐

幸福的江口人，拥有这样一笔自然遗产，拥有这样一份人文精神，是他们宝贵的财富和光荣！

不屈的江口人，他们没有安于现状，他们一直在用自己的勇敢与勤劳、智慧与汗水，给这座神奇的山注入精神与灵魂。

二、梦里歌谣

2008 年江口县城旧貌

江口人躺在了梵净山时而温暖、时而愤怒的怀抱里。梵净山这个伟岸而高大的母亲，并没有溺爱自己的孩子，而是时不时让孩子在逆境中成长与磨炼。

天无三日晴，地无三尺平；土无三收成，人无三分银。

北部是老林，恶鬼打死人；南部多光山，种啥啥不成。

晴天出门一身灰，雨天进屋一身泥。

娘家对山住，天黑才拢（到）屋。

种田靠天，吃水靠抬。

…… ……

这是江口山区百姓曾经生活的真实写照！

很长时间里，他们对美好生活的向往与追求，似乎只是梦里的歌谣。太多的因素制约着他们前进的脚步。

有人说，大自然是公平的，她赋予了这片土地美丽，也给予了这片土地贫穷。

在很长时间里，江口的基础设施薄弱。

土地是农民的命根子，是农民生活的最基本的保障，而江口最缺的就是土地——能种庄稼的土地。江口地处铜仁市东部与西部交会点，山高谷深，水低田高，降水时空分布不均，长期以来，工程性缺水相当严重。同时，境内成片的耕地少，分散的坡耕地、梯田地多，且土层浅薄，土地承载力较弱，农作物产量不高。并且地形以山丘为主，地块小，不成片，当地农民一直以传统落后的耕种方式进行生产劳作，一年辛苦下来，也只能勉强填饱肚子。

受自然条件限制，农民只能用传统的农耕方式劳作

受自然条件限制，农民用传统农耕方式进行劳作的情形

由于山高坡陡、地势险要，自然条件差，以前这里内部路网通达性较差，公路等级较低，与其他相邻的县（区）连接不便，特别是部分偏僻地区，因山高地险无法通车，生产物资及山里特产全靠肩挑背驮进出深山。一到寒冬腊月，村民们进城购货采物就更难了，有时一次要备好几个月的生活用品。又由于地势落差大，低处山路傍溪蜿蜒，常被泛滥洪水冲毁，山腰之处时常垮塌，变成天堑，无法通行，特别是官和、民和、桃映、坝盘等地，每年都有很长一段时间在修桥补路。

官和乡通村公路旧貌

一到夏季，很多山路经常被无情的洪水摧毁

公路被洪水冲毁，群众只能步行回家

山高地远、寒冰凝冻，群众肩扛背驮生活物品回家

村容寨貌更是萧条破落，设施场所基本空白。那时，乡村普遍都是青瓦木屋，没有基础设施，也没有活动场所，有的只是原始的溪流沟壑和羊肠巷道。即使是农闲之时，村里的老人们也只能聚集在狭窄的巷道里和院坝头拉家常、摆龙门阵。有时候村里想搞个活动，都找不到宽敞、称心的地方。

破败萧条的村庄

破败不堪的木房

那时的江口杂乱无章，四处都是破败不堪的木房。村民们长期以来都居住在祖上遗留下来的老式木房里，由于年代久远，部分木质结构的部件腐朽脱落，瓦片经风吹日晒早已风化，人们只得在上面加一层薄膜来遮挡风雨。房屋因多年没有修整，破旧不堪，有的夏不避雨、冬不御寒，大风一吹，摇摇欲坠，不具备起码的居住条件。由于没有储藏仓库，从地里收来的庄稼只得悬挂在木梁和柱子上。

农民将收回来的玉米悬挂在木梁上晾干

村民的灶房更是不堪入目，用木板或薄膜随意夹围起来，除了靠主屋的那面墙，其他三面到处通风透亮，使用了几十年的土灶又黑又破，用过的瓢盆桶碗随处丢放，有的农户家中甚至没有一张吃饭的桌子。

农民的灶屋（厨房）杂乱不堪

有的村民家里卧室昏暗、凌乱狭窄，除了一架木床再无其他家具，穿过或洗好的衣物不是堆在床上就是挂在竹竿上，被褥一年四季都不折叠，形成了粗陋的生活习惯。

农民的睡房昏暗杂乱

在很长时间里，江口人口袋里没钱，也没什么增加收入的产业。农业现代化水平和机械化水平不高，农民生产效率低，大多数山区农民只能靠天吃饭，过着面朝黄土背朝天的生活，农业生产主要靠传统耕作方式，生产效率极低。同时，当地产业结构不合理，工业化程度低。长期以来，当地的产业结构表现为“农业独大、工业断腿、三产滞后”的发展特点，是典型的山区农业经济，只有烟酒业、农产品加工业、矿产品加工业等中小型工业经济，缺少大型的制造业、高新技术产业，工业企业极少，缺乏龙头企业的带动，导致经济发展较为缓慢。单一、不合理的工业结构无法起到支撑农业和反哺农业的作用。东南沿海一带经济发达时，江口所在的西部依然黑灯瞎火，年轻人逃离故乡，跑向东南沿海一带，留下的是老的老、小的小。

农民传统的肩挑担子

由于穷，江口的教育跟不上，穷根拔不掉，发展陷入恶性循环。由于教育投入不足，教育设施落后，教育资源极其匮乏，留不住也引不来优秀的师资，教育质量无法保证。农村劳动力受教育程度普遍较低，先进的生产方式无法获得推广使用，致使当地的生产方式比较落后粗放。许多村里的学校，体育设施除了一块操场和一个篮球架其他什么都没有。由于地远路险，有的孩子翻山蹚河去学校，要走上好几个小时。在那个年代，苦了

原江口县第二小学旧貌

乡村小学教育设施相当落后

孩子，亏了孩子，是江口许多有识之士感到最为心酸的一段历程。

2001 年，江口县被列为国家扶贫开发工作重点县。2013 年底，全县有贫困村 80 个，建档立卡贫困人口 4.3 万人，贫困发生率为 19.85%。

贫困，是彼时的江口标签。但是，面对困难，江口人没有退缩。

为了生存，他们从未放弃！永不放弃！

铮铮铁骨，齐心逐梦！

三、大山呼唤

江口县内有土家族、苗族、侗族、仡佬族、羌族等 14 个少数民族，少数民族人口占总人口的 60.84%，他们都有着坚韧不屈的优秀品质。

要摆脱穷苦的命运，发展中必须融入科技、教育、政治的元素。而旧的时代，江口的各种社会环境严重制约了其发展。不少有识之士认识到，江口要发展，必须自强不息、自力更生，他们敢于挺身而出，大声地发出坚韧而倔强的呐喊声，难能可贵。他们的拳拳赤子心，浓浓民族情，天地可鉴。可是在旧中国，民族解放和民族平等的愿望始终没有得到实现。

新中国成立后，江口人改变自己命运的步伐加快了。

1978 年之前，全国农村的普遍贫困使人们看不出贫困的缘由，也由于我国多年处于对外封闭状态和吃“大锅饭”阶段，致使人们虽然贫穷，但却没有贫困的概念。1978 年后，国家改革开放了，东南沿海经济飞速发展，中部、西部地区发展缓慢，有了差距对比，贫困也就凸显出来，特别是地处西部的贵州，更是成为典型的贫困地区。

20 世纪 80 年代初，贵州全省农村已普遍推行家庭土地联产承包责任制。这在当时，从全国范围来看是推行较早的。到 1985 年底，贵州省多数农村居民基本解决了温饱问题，但生活水平不高，且主要集中在省内中心地区。统计部门的资料显示：1985 年全省农民人均纯收入仅 287.83 元，仍居于较低水平；农村贫困人口虽然大量减少，但处于贫困状态者仍有一千多万，占当时全省总人口数的三分之一左右。这一千多万贫困人口中，还有三百多万人处于极贫状态，人均年收入不足80元，口粮在125公斤以下，主要集中在贵州一些偏远地区。

基于这一形势，1986年初春，在时任贵州省委书记胡锦涛的提议下，贵州省委常委会作出了抽调干部充实基层的决定，三千多人的扶贫队伍随之浩浩荡荡奔赴省内极贫地区，开启了贵州省派驻扶贫队大规模扶贫的序幕。也在此时，扶贫队来到了江口，正式开启了江口扶贫工作。后来艰苦卓绝的“八七”扶贫，以及进入21世纪后的扶贫工作，都饱含着江口脱贫攻坚工作的复杂与艰辛、矛盾与纠结、泪水与汗水。

有个典型例子。

寨沙侗寨位于世界自然遗产保护区梵净山脚下的太平河畔，是江口县一个侗族聚居的自然村寨。这里有美丽的自然风光和浓郁的侗家风情，特别是侗家民居建筑吊脚楼所独有的民族韵味，成为令人称赞的一道亮丽风景。曾经有人这样评价寨沙，说她“远看似人间仙境，近游如世外桃源”。

寨沙侗寨旧貌

寨沙侗寨乡村旅游扶贫示范点

虽然条件优越，但令人心酸的是，在大力发展旅游扶贫前，寨沙侗寨由于没有精准发展定位，手捧着梵净山旅游的“金饭碗”却没饭吃，长期戴着“贫困帽”。2010 年，年人均纯收入不足 1000 元，寨里的姑娘往外跑，男青年靠抬滑竿卖苦力吃饭。直到后来实施了精准扶贫，县扶贫办对全寨贫困户建档立卡，一改过去的“大水漫灌”式的扶贫形式为一对一的“精准滴灌”，做到精准扶贫到人，才改变了贫困面貌。

历史，曾经在江口大地上书写着“贫困”两字。这贫困里有血泪，也有温度，更多的是属于未来的憧憬、梦想和实干。而未来，将有更多的数据和事实向世界证明，江口在以“命运逆转”之势减贫。30 多年的脱贫攻坚，让江口人民从羊肠山道走上了梦想成真的大路。

02

Chapter

武陵潮涌

20 世纪 80 年代初，脱贫攻坚战在武陵源开始打响，波澜壮阔的扶贫春潮，让江口人民欢欣鼓舞。随后的三十多年，特别是党的十八大以来，精准扶贫的号角吹响，江口县把精准脱贫当成一场战役来攻克，明确这是一场只能打赢不能打输的战争、一场较量智慧与力量的战争、一场锻造英雄和人才的战争。新时代，江口脱贫攻坚热潮涌动……

一、聚焦精准

当历史的车轮进入到 2013 年时，脱贫攻坚工作遇到了瓶颈。

通过扶贫专家对近年来扶贫数据的分析，我们可看到两条走势相反的曲线：一条，每年扶贫资金越来越多；另一条，每年减贫人数越来越少。两条曲线，折射出扶贫工作的艰巨性，也告诫人们脱贫攻坚的紧迫性。

打开令人沉重的中国贫困人口分布图，14 个集中连片特困地区赫然在目，且大多分布在西南、西北等偏远地区。它们覆盖了全国大部分深度贫困群体，又都是位置偏僻、山大沟深的地方，一般经济增长方式已无法有效带动其发展。

当时的事实告诉我们：经过多年的努力，容易脱贫的地区和人口已经基本脱贫了，剩下的贫困人口大多贫困程度较深，自身发展能力较弱，越往后脱贫攻坚难度越大。需要以更大的投入实现脱贫目标，如果采用常规思路和办法，按部就班推进，肯定难以完成任务。

实施精准扶贫、精准脱贫方略应运而生！

扶贫开发贵在精准、重在精准，成败在于精准。精准扶贫需要各个地区结合实际情况，激活经济发展的活力。江口，作为国家扶贫开发工作重点县，积极响应中央号召，立即吹响了精准扶贫的号角。那段日子，只要行走在 1800 平方公里的贵州省江口县大地上，无论是高山平坝还是大山深壑，到处都是一片热火朝天抓产业、同心共建新农村的动人场景。精准扶贫，同步小康，已成为江口 24 万各族人民的共同目标。

要做好脱贫攻坚，关键在于精准！如何“精”？如何“准”？他们从建档立卡开始，积极探索经验，做到科学识别、信息准确。

江口建档立卡的经验很快被铜仁市和贵州省推广应用。

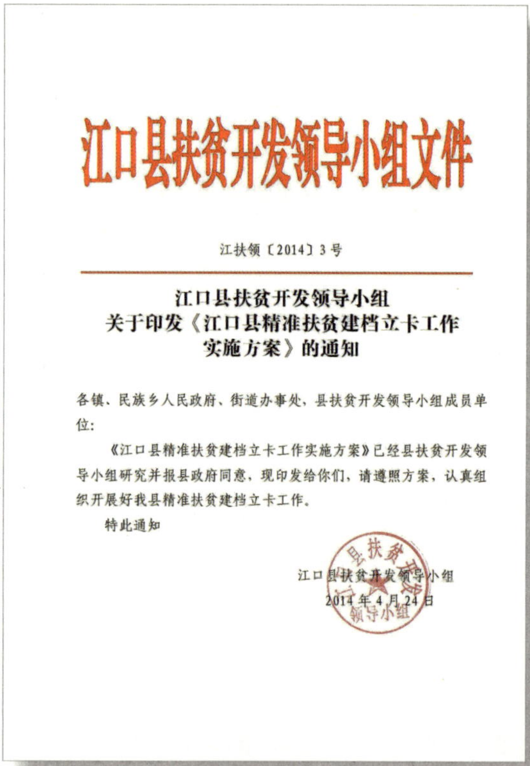
江口县扶贫开发领导小组文件

江扶领〔2014〕3 号

江口县扶贫开发领导小组
关于印发《江口县精准扶贫建档立卡工作实施方案》的通知

各镇、民族乡人民政府、街道办事处，县扶贫开发领导小组成员单位：

《江口县精准扶贫建档立卡工作实施方案》已经县扶贫开发领导小组研究并报县政府同意，现印发给你们，请遵照方案，认真组织开展好我县精准扶贫建档立卡工作。

特此通知

江口县扶贫开发领导小组
2014 年 4 月 24 日

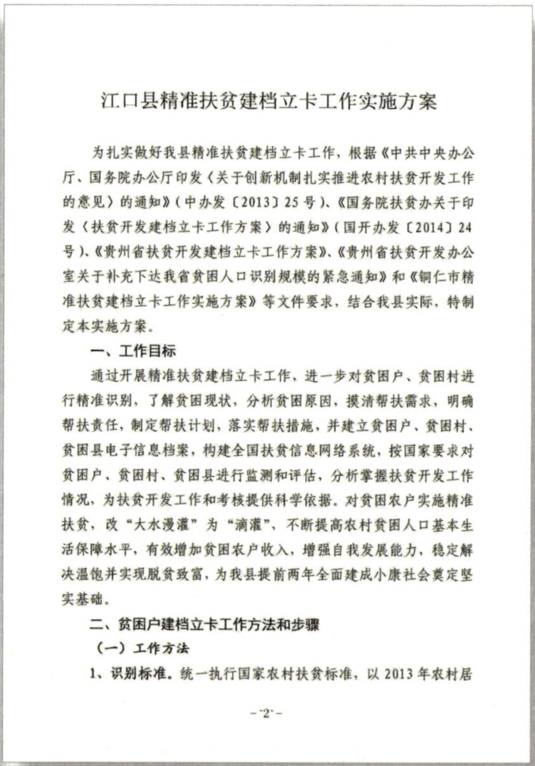
江口县精准扶贫建档立卡工作实施方案

为扎实做好我县精准扶贫建档立卡工作，根据《中共中央办公厅、国务院办公厅印发〈关于创新机制扎实推进农村扶贫开发工作的意见〉的通知》（中办发〔2013〕25 号）、《国务院扶贫办关于印发〈扶贫开发建档立卡工作方案〉的通知》（国开办发〔2014〕24 号）、《贵州省扶贫开发建档立卡工作方案》、《贵州省扶贫开发办公室关于补充下达我省贫困人口识别规模的紧急通知》和《铜仁市精准扶贫建档立卡工作实施方案》等文件要求，结合我县实际，特制定本实施方案。

一、工作目标

通过开展精准扶贫建档立卡工作，进一步对贫困户、贫困村进行精准识别，了解贫困现状，分析贫困原因，摸清帮扶需求，明确帮扶责任，制定帮扶计划，落实帮扶措施，并建立贫困户、贫困村、贫困县电子信息档案，构建全国扶贫信息网络系统，按国家要求对贫困户、贫困村、贫困县进行监测和评估，分析掌握扶贫开发工作情况，为扶贫开发工作和考核提供科学依据。对贫困农户实施精准扶贫，改“大水漫灌”为“滴灌”，不断提高农村贫困人口基本生活保障水平，有效增加贫困农户收入，增强自我发展能力，稳定解决温饱并实现脱贫致富，为我县提前两年全面建成小康社会奠定坚实基础。

二、贫困户建档立卡工作方法和步骤

（一）工作方法

1、识别标准。统一执行国家农村扶贫标准，以 2013 年农村居

-2-

2014 年 4 月，江口县正式下发的精准扶贫建档立卡工作实施方案

2014 年 7 月 13 日至 15 日，全国扶贫办主任座谈会在贵州省铜仁市召开。会议总结了上半年扶贫开发工作的成绩、做法和经验，分析了面临的问题，安排部署了下半年的工作。国务院扶贫办相关负责人分别通报了干部驻

全国扶贫办主任会议黑岩村精准扶贫现场观摩会

村帮扶工作、贫困县三项机制改革、扶贫品牌培育、社会扶贫动员、建档立卡和信息化建设、扶贫资金管理与改革、贯彻落实25号文件调研督查等方面的情况。而最令江口人为之自豪与振奋的是，会议期间，全体与会人员现场观摩了江口县的建档立卡、驻村工作队、易地扶贫搬迁、金融扶贫等方面的工作，国务院扶贫办党组书记、主任刘永富充分肯定了凯德办事处黑岩村建档立卡的经验。刘永富强调："根据中央文件要求，各地要对每个贫困村、贫困户建档立卡，并建设全国扶贫信息网络系统。建档立卡和信息化建设是精准扶贫的基础和前提，国务院扶贫开发领导小组将其作为精准识别、建档立卡扶贫的第一战役，列为2014年的一号工程。全国扶贫系统一定要加快工作进度，规范工作程序，加大培训力度，加快推进信息化建设步伐。"

江口探索的建档立卡经验犹如缕缕春风吹向全国！

特别值得一提的是，在产业精准扶贫的带动下，江口积极分析自身原因，发挥自身优势，上下齐心协力，紧扣"三个精准"要求，在扶贫实践中着力把牢精准扶贫关口，创造的三个精准工作模式值得更多的贫困地区借鉴。

首先，对象"找精准"。换句话说，就是"扶持谁"。习近平总书记曾在中央扶贫工作会议上强调，要解决好"扶持谁"的问题，确保把真正的贫困人口弄清楚，把贫困人口、贫困程度、致贫原因等搞清楚，以便做到因户施策、因人施策。

驻村干部深入群众家中开展调查摸底工作

精准不是句空话。严格按照“一申请一比对两评议两公示一公告”（农户申请，四有人员比对，村民小组评、村民代表评，村级公示、乡镇公示，县级公告）精准识别程序和江口县精准管理四步工作法，从相关部门抽调业务人员组成两个督查组和九个指导组，精准核实、比对信息，全公开透明精准评选扶持对象，并对五类重点人群 100% 排查，做到“村不漏户、户不漏人”。江口将“精准”二字变成了具体而切实可行的措施与方法，并落实在了实际行动中。

其次，措施“定精准”。为了对精准识别的贫困户做到真帮实扶、因户施策，江口县加大力度狠抓落实，加大片区统筹，要求各个工作组一丝不苟地将每村、每户的扶贫责任到人，确保各项工作快速推进，高效落实到位。2015 年，全年县直联建帮扶部门和全县各级驻村干部共走访群众 4.3 万余人次，发放干群连心卡 4.3 万余张，完善更新精准扶贫建档立卡系统数据 1.44 万余户，结成帮扶对子 1.44 万余对，帮助贫困户制订脱贫计划 2.17 万个，

德旺乡坝梅村召开脱贫攻坚精准识别全面排查民主评议会

桃映镇大树坪村召开民主评议会

谋思路、出点子3900多条，化解矛盾纠纷59起，协调项目54个，协调落实各类帮扶资金500多万元，解决实际困难1600多个。

驻村帮扶干部走访贫困户

最后，脱贫“退精准”。精准扶贫是为了精准脱贫。针对脱贫退出情况，江口县要求贫困户必须按照国定贫困退出程序标准——小组提名、入户核实、本人认可、村级公示、乡镇核准、确认退出，运用“五看法”——看屋里摆的、看身上穿的、看床上铺的、看柜里装的、看锅里煮的，对拟退出贫困户进行逐户核查评估，让群众“清清楚楚算账、明明白白脱贫”，达到贫困户信息客观有的、系统录的、袋里装的、墙上挂的、嘴上说的“五个一致”，实现“不错退一户”。

中央对贵州探索精准扶贫、精准脱贫的成果给予了充分肯定，这何尝不是对江口人真抓实干、用实际行动践行精准扶贫的高度赞誉。

二、思想为先

扶贫需要精神力量，扶贫也造就精神力量。正如习近平总书记在《摆脱贫困》一书的跋中所言：“摆脱贫困，其意义首先在于摆脱意识和思路的‘贫困’，只有首先‘摆脱’了我们头脑中的‘贫困’，才能使我们所主管的区域‘摆脱贫困’，才能使我们整个国家和民族‘摆脱贫困’，走上繁荣富裕之路。”

精神上的贫困，往往比物质上的贫困更可怕。“苦干不如苦熬”“等着别人送小康”，此类思想都是脱贫攻坚路上的拦路虎、绊脚石。

官和乡召开群众感恩教育动员大会

在江口，首先要讲的是黑岩村开展建档立卡工作并将经验在全县、全市、全省乃至全国推广的探索。在随后的精准脱贫实践中，江口还探索出了一系列既切实可行，又能推而广之的做法。透过宝贵经验，我们看到的是江口人的智慧与汗水，更是他们思想上的先行。

江口扶贫干部还深知一个道理：贫困群众既是脱贫攻坚的对象，又是脱贫致富的主体。要加强扶贫同扶智、扶志相结合，激发贫困群众的积极性和主动性，激励和引导他们靠自己的努力改变命运。在打赢脱贫攻坚战中，引导贫困户主动脱贫应成为党员干部扶贫攻坚的首要责任。

于是，江口出现了这样的景象：党员干部、包村干部等人员进村入户调查和共同制订脱贫方案时，与群众谈体会、谈感想、讲身边人、述身边事，进一步培养群众的参与意识、责任意识，通过摆事实、讲道理，教育引导贫困群众克服“等靠要”思想，引导贫困群众互相比收入、比幸福，谈未来、谈致富经验，发挥致富能人“传帮带”的作用，把农民群众的思想行动引导到发展生产、增收致富上来，鼓励他们自主创业就业，在政府和社会力量的帮助下通过自身努力实现脱贫。

继而，江口又出现了这样的景象：先是几个贫困户主动提出脱贫，接着是一批批、一群群，争先恐后。

太平镇三沛塘村贫困户集体主动申请脱贫

身残志坚、主动脱贫的王通发的故事在江口成为美谈。

王通发是双江街道齐心村王家山组人，自幼家境贫寒，关键是他没有双手，为二级残疾，而妻子患有长期慢性病，家里根本就没有劳动力。很长时间里，由于没有劳动力，无生活来源，家里一贫如洗。2014 年，村里召开群众会和党员组长会把他评为贫困户。

评上了贫困户，王通发发自内心地感激，但也很纠结。感激的是，他评为贫困户后，在政策上、资金上给了他很大的帮助，让他们家走出了生活的困境；纠结的是，虽然他身有残疾，但也是堂堂七尺男儿，不想就这样直接受资助生活。

他想到了创业，创业的道路从来就不平坦。刚开始，王通发没有技术，他只是抱着试一试的心态发展龙虾产业，起步阶段非常艰难，加上又没有养虾经验，常常想放弃，但想着自己的家庭，硬是挺了过来。

王通发的龙虾养殖场

不久后，乘着双江街道推进“一村一品”的东风，在街道和村里的大力支持下，王通发又拉上了村里的王通进和同样是残疾人的王武政，说服他们和自己一起干。于是每天起早贪黑便成了他们的家常便饭，经过长时间的摸爬滚打和不断积累的养虾经验，为产业发展打牢了根基。

2017 年，他们成立江口县志强龙虾养殖有限公司，公司采用“企业 + 基地 + 股东 + 精准扶贫户”的模式，注册资金 180 万元，建有 25 亩标准养殖场，每亩投产种苗 150 斤，可出产龙虾 1000 余斤。

穷则思变，差则思勤。这句话对王通发来说再合适不过了。有了政策和资金的支持，他不再把自己当成残疾人，心想别人能干的他也能干，打算把龙虾基地扩建，把销路拓宽，继续搞大产业，带动贫困户增收致富。

面对如今龙虾供不应求的现象，王通发信心满满。养虾是一门技术活，为提高养殖水平、增加养殖收益、打破发展瓶颈、积累经验，王通发觉得仅靠现有的条件还不够，他东奔西跑，去外地学习借鉴别人的成功经验。

借助得天独厚的地理优势，小龙虾养殖基地正朝着生态观光旅游农业的方向发展。为了动员贫困户广泛参与，说服他们支持发展龙虾产业，王通发下了不少功夫。贫困户一向对这些产业没有好感，觉得是搞过场，要他们出力，那可不容易啊。为打破单一发展模式，凝聚人心，变产业基地为农业生态养殖地，帮助贫困户脱贫，王通发可跑了不少腿。

功夫不负有心人。不久，小龙虾卖得好，王通发的生活也不用发愁啦。

此时，王通发向村委会提交了一份退出贫困户的申请书，要求退出贫困户，要用自己的“双手”创造美好生活。他说：“在被评定为贫困户之前，由于没有劳动力，无生活来源，家里一贫如洗。现在通过政府在资金、政策上的帮扶，在村‘两委’和驻村工作队的帮助下，克服‘等靠要’思想，通过发展土鸡、龙虾养殖等产业，家庭收入逐年增加，现已达到脱贫标准。现在土鸡、龙虾养殖的收入一年大概能达到 4 万元左右，如果还继续戴着贫困户的帽子，心存‘等靠要’的思想，我都不好意思了。贫困户也不是啥荣誉称号，这个‘帽子’我可不想再戴了。感谢党和政府考虑我的实际困难，评我为贫困户，在政策上、资金上给予我很大的帮助。现在，我已达到脱贫标准，自愿申请退出贫困户，跟随党的脚步，支持党的政策。”

一枝独秀不是春。江口县志强龙虾养殖有限公司还有一个称呼是江口县志强农旅产业专业合作社。该合作社直接带动了 9 户 18 人的精准扶贫户、6 名残疾人入股分红，每年能为精准扶贫户增加 2 万余元的收入。王通发说，他能有今天，离不开党和政府的大力支持和关心，他富了不能忘记别人，他希望大家伙儿都能过上好日子。

与王通发一样，闵孝镇提红村上舟组贫困户郭兴平、德旺乡清溪村大平坡组贫困户杨胜成、官和乡江溪屯村山口组贫困户罗珍平、双江街道兴隆社区贫困户陈爱军等贫困户也纷纷自愿申请脱贫出列。

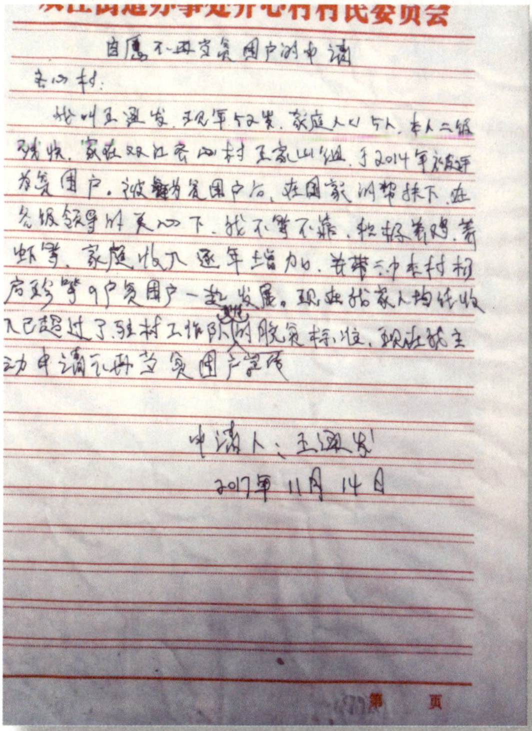

自愿不再享受贫困户的申请

寨山村：

我叫王通发，现年52岁，家庭人口5人，本人二级残疾，家住双江寨山村王家山组，于2014年被评为贫困户。被评为贫困户后，在国家的帮扶下，在各级领导的关心下，我不等不靠，积极养鸡、养虾等，家庭收入逐年增加，并带动本村村民罗珍等4户贫困户一起发展。现在我家人均纯收入已超过了驻村工作队的脱贫标准，现在我主动申请不再享受贫困户待遇

申请人：王通发

2017年11月14日

第　页

王通发手写的自愿脱贫申请书

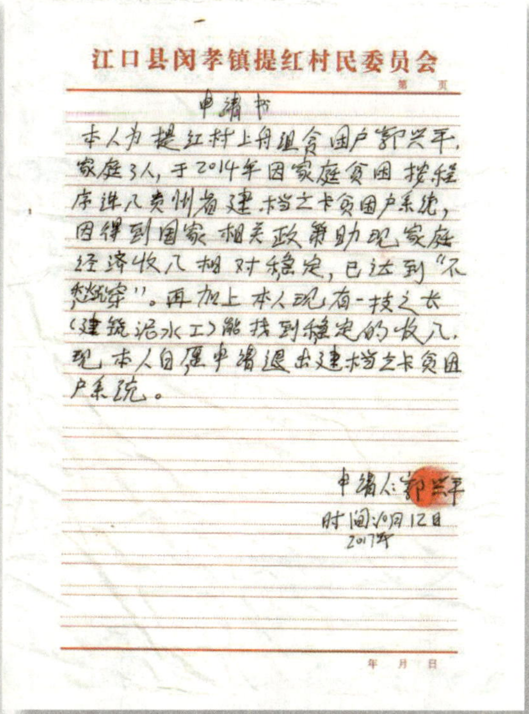

江口县闵孝镇提红村民委员会

第　页

申请书

本人为提红村上舟组贫困户郭兴平，家庭3人，于2014年因家庭贫困按程序进入贵州省建档立卡贫困户系统，因得到国家相关政策帮助现家庭经济收入相对稳定，已达到"不愁吃穿"。再加上本人现有一技之长（建筑泥水工）能找到稳定的收入，现本人自愿申请退出建档立卡贫困户系统。

申请人：郭兴平

时间：10月12日
2017年

年　月　日

闵孝镇提红村上舟组郭兴平手写的自愿脱贫申请书

德旺乡清溪村大平坡组贫困户杨胜成主动申请脱贫

双江街道兴隆社区贫困户陈爱军等人主动申请脱贫

扶贫先扶志。王通发他们的行为，既令人感动，又引人思考。扶贫工作中“输血”重要，“造血”更重要，江口在脱贫攻坚工作中，结合贫困户的实际情况和产业帮扶，努力让贫困户也重拾生活信心，激发脱贫致富内生动力。

三、鱼水情深

江口广大扶贫干部明白，要打赢脱贫攻坚这场硬仗必须干群连心，干部群众要心往一处想、劲往一处使、齐心协力、合力攻坚。他们用实际行动，谱绘着干群同心、鱼水情深的生动画卷。

他们采取切实可行的政策、措施，在推行“三个三”做好顶层设计的同时，更创新运用“三个四”新时代群众工作法。

“四个下沉”：责任体系下沉、村民自治下沉、民主评议下沉、项目实施下沉。做到一级抓一级、层层抓落实，突出党组织引领、村民参与、共同决策，实现“民事民定”，政策落实公平公正。

“四个结合”：村民自治与民主法治相结合、合作组织与村级组织相结合、基础设施与美丽乡村相结合、公共服务与社会保障相结合。让老百姓看到实实在在的变化，让老百姓实实在在享受发展红利。

“四个覆盖”：干部培训全覆盖、入户走访全覆盖、思想动员全覆盖、长效机制全覆盖。把干部培训到位、群众走访到位、思想动员到位、机制建立到位。让干部真心去干、真正会干，让群众想脱贫、愿脱贫，让脱贫成果能长久、管长远。

江口县通过打赢脱贫攻坚战凝结出来的“四拼四争”精神

比物质更珍贵、更弥久的是精神。脱贫攻坚路上，江口县干部群众铆足干劲、攻坚克难，铸就“拼全力争全胜，拼团结争荣光，拼实干争担当，拼匠心争卓越”的“四拼四争”江口脱贫攻坚精神。拼全力争全胜，就是听党指挥，敢于胜利；拼团结争荣光，就是万众一心，荣誉至上；拼实干争担当，就是苦干实干，担当作为；拼匠心争卓越，就是独具匠心，追求卓越。

随后，一个个鲜活成功的案例，如同灿烂的星星布满江口的天空。

杨再炼，1960年出生，闵孝镇鱼良溪村党总支书记。鱼良溪村在他的带领下，村“两委”拧成一股绳，一步一个脚印，带领村民群众脱贫致富奔小康。

2013年底，中央提出精准扶贫后，杨再炼再也坐不住了。杨再炼发现，部分党员干部存在责任意识不强、作用发挥不好等问题。虽然鱼良溪村的日子比以前好过了，但杨再炼时不时会听到老百姓讲哪个哪个党员还不如普通群众。他想，是党员自身的毛病太多了，还是老百姓对党员的期望值提高了呢？通过了解和分析，发现确实还是党员自己的问题，所以他请全村的老百姓为村“两委”和党员“把脉问诊”。

怎么办？

鱼良溪村通过在干群连心室设置连心箱、开展问卷调查、开群众会、入户走访等多种方式，开门征求意见和建议，梳理后发现主要存在党员的先锋模范作用不明显、带富能力不强、对党的方针政策不熟悉、个别党员私心太重、不讲信用等问题。针对这些问题，鱼良溪村认真总结过去的做法，提出把党员“十个一”要求作为开展教育实践活动的重要抓手。

一是增“曝光率”，党员身份亮一亮。开展党员佩戴党徽、“党员户”挂牌活动，并把优秀党员的信息在“党员风采墙”上集中展示，理直气壮地把党员身份亮出来，让党员置于群众监督之下。

闵孝镇鱼良溪村西瓜种植户佩戴党徽把党员身份亮出来，让购买西瓜的群众更加信赖和放心

二是做“好学生”，党的精神认真学。作为党员，就要努力在思想境界上“高人一筹”。要求每一个党员通过集中学习与个人学习相结合以及轮流上党课等方式苦练“内功”，做到党的精神入脑入心。

闵孝镇平寨村与其他村一样，经常组织党员开展集中学习“充电”活动

三是当“宣传员”，惠民政策讲一讲。党员干部需要教育，群众同样需要教育。鱼良溪村党员干部不讲大道理，而是宣讲一些群众看得见以及与大家密切相关的事。比如宣传九年义务教育“两免一补”、新型农村合作医疗、养老保险等政策，讲明白了，群众领会了，工作就好做了。

鱼良溪村党员干部在群众家中宣传讲解相关政策

四是变“领头羊”，产业发展带一带。俗话说得好，村看村、户看户，群众看干部。鱼良溪村当初没人敢种大棚西瓜，杨再炼就和几个党员到浙江等地去考察学习，回来后带头先搞，群众看到试种成功后就跟着干，村干部再为群众种植提供技术指导并帮忙联系销路。

杨再炼把从北京学来的先进技术传授给村民

五是化“及时雨”，群众困难帮一帮，党员干部要多做雪中送炭的事。鱼良溪村建了个民情信息库，一家一户的情况都清清楚楚，对有困难的群众采取“一帮一”“多帮一”等方式开展结对帮扶，想方设法解决群众在生产生活中遇到的困难，特别是对残疾人、五保户等弱势群体加大帮扶力度。

鱼良溪村组织党员带领群众修路

六是添“润滑剂”，矛盾纠纷劝一劝。党员干部既要问民需、解民忧，又要化民怨，做群众工作的“润滑剂”。婆媳不和、邻里口角这些鸡毛蒜皮的小事要管，边界纠纷、扯皮打架的大事更要管。及时把心里“疙瘩”解开了，大家才会一心一意地搞发展。

闵孝镇党员干部帮助协调纠纷

七是当“意见箱”，群众意见听一听。村委会设立了“连心箱”，群众可以随时将自己对村“两委”和党员个人的意见、建议投入连心箱中，村“两委”值班人员每天定时整理记录。比如有群众反映不懂农合报销、贷款等程序，跑了许多“冤枉路”。村里就把与群众息息相关的一些政策和办事程序编印成惠民、利民手册发给群众知晓，对有具体困难的事项由驻村干部上门代办，反响很好。

八是照“平面镜”，个人不足找一找。为切实加强党员党性修养，激励党员立足岗位多做贡献，通过自己找、别人提的方式，查明每个党员在思想觉悟、业务技能、工作业绩上存在的问题，有针对性地提出批评、建议和鼓励，为全村党员发挥先锋模范作用指明努力的方向。

召开群众代表、党员征求意见座谈会

九是戴“紧箍咒”，履职践诺评一评。村党组织和每个党员在年初的村民大会上根据自己的工作岗位、个人特长、能力大小等实际情况向群众做出承诺，年底再由党员和群众来评议践诺情况。这样就好比给每个党员都戴上了“紧箍咒”，谁都不想被别人评价为言而无信，都会想方设法兑现承诺。

鱼良溪村党员承诺事项公开表

十是抱“平常心”，名利好处让一让。在涉及低保、救助等惠民政策的执行中，要求党员应“先让三分”，在好处面前不争不抢不要。

这“十个一”的做法，有些是一直坚持做的，有些是根据群众意见新提出来的。党员干部真正照着做了，还是很管用。

第一，党员形象“树”起来了。群众知道谁是党员，党员也更加开始注意形象，处处带头。在村里出售农副产品的“青年农民创业示范一条街”，党员龙元合的生意比其他人的都要好，许多客人表示，看到她墙上挂的“党员创业示范户”牌子，就觉得有信任感，买东西都比较放心。这让杨再炼感觉到，党员亮出的不仅是身份，更是一份荣誉，也是一份沉甸甸的责任。

第二，党员作用“强”起来了。党员“十个一”明确了每位党员的具体任务，“党员双诺双评”使每位党员都立下“军令状”，无职党员设岗定责让平常作用“休克”的党员也找到了用武之地，党群携手创业带富工程让党员和群众既“富”了脑袋，又“鼓”了口袋。党员作用“强”起来后，自然就得到了群众的信任和拥护。

第三，党群关系“好”起来了。通过开展党员“十个一”活动，群众的冷暖有人问、困难有人帮、致富有人带。群众的幸福指数提高了，对党员、干部的牢骚和埋怨也就少多了，甚至没有了，党群、干群关系得到了很大改善。

杨再炼带领党员干部做表率、走在前列，得到了群众的真心拥护，在党的群众路线教育实践活动中，这一工作方法得到了中央和省委领导的肯定，被写入贵州省委关于深入推进发展型服务型基层党组织建设的意见中，成为做群众工作的鲜活教材。

杨再炼心里非常清楚，在脱贫攻坚这条路上，要做到不让村里的任何一个人掉队，要长效解决孤寡老人和残疾群众的生活困难，除了政策兜底，还必须发展集体经济。

于是，他带领大家发展经济，引进企业 18 家，带领群众种植果蔬 2160

亩，建成党员干部短期培训基地、鱼粮农业公园、休闲假日酒店、红心猕猴桃种植基地等集体经济实体，2015 年就实现村集体经济收入 100 万元的目标，农民人均纯收入达 10260 元。

干群同心了，集体经济也就发展起来了，同时提升了村党组织的服务能力。杨再炼又筹集资金近千万元，完善建设全村 19 个村民组的基础设施和活动场所。从集体经济中拿出 70 余万元用于群众生活、医疗、教育等保障性公益事业发展，在全县率先实行 60 岁以上老人全额缴纳新农合资金、90 岁以上老人每年享有 1000 元的生日慰问金。

这，只是江口的一个音符。

众多的音符，构成了江口脱贫攻坚的“英雄交响曲”！

江口县利用得天独厚的生态资源大力发展生态茶产业

四、绿色崛起

江口人非常清楚，要打赢脱贫攻坚这场硬仗，要让老百姓真正走出贫困，走向富裕，开创百姓富、生态美的江口新篇章，只有紧紧围绕“绿色”做文章。

产业脱贫是根本。为让贫困户稳定脱贫，围绕“念好山字经、做好水文章、打好生态牌”，江口县发展了生态茶、冷水鱼、猕猴桃三个主导产业和中药材、蔬菜两个短平快增收产业。让贫困群众真正在家门口就业，他们的“钱袋子”鼓起来了，过上了幸福甜蜜的生活。

先说发展生态茶。

梵净巍峨，云海浩荡。云雾氤氲的土地里生长出的铜仁茶，仿佛得梵净山灵气之浸润，气、味自成一派。十多年前，贵州省委、省政府提出，要将铜仁市打造成“茶叶市”，彼时西有印江翠峰，东有石阡苔茶，而居于梵净山核心区的茶叶原生地江口县，却“茶踪难觅”。十多年来，绿色发展，生态发展，江口县因地制宜，乘势而为，从零开始，埋头茶业深耕细作。十多年砥砺前行，成就了那一山一岭的富民基业，引来今日世界目光的聚焦，“世界抹茶之都”由此扬帆起航。

发展状况如何？数据是最好的证明！

近年来，江口共组织县内23家茶业龙头企业参加北京国际茶博会、中国台湾国际茶博会等茶叶展览会100余次；参加各类名茶评比60余次，先后在国际名茶评比活动中荣获金奖1个、“中茶杯”荣获特等奖1个、“国饮杯”荣获特等奖4个、“黔茶杯”荣获特等奖1个，荣获省部级茶博会名茶评比金奖40个。组织企业在北京、贵阳、江苏城市等地开办茶叶专卖店6个，在县城及梵净山景区开设茶叶专卖店5个，在淘宝、京东等开设网络专卖店8个，开设微商1个；茶叶产品已成功进入贵阳凯宾斯基大酒店和贵阳华联超市、铜仁华联超市及重庆市谈天说地、樱花渡等21家茶楼；促成16家企业与贵茶公司全面合作，签订碾茶及其他茶类供销协议。15家茶叶企业分别与上海金博集团、湖北金利集团、四川黔路集团、御茶春茶业有限公司等企业建立了供销关系。目前，全县规模茶叶企业达52家，建成名优茶加工厂33个（不含碾茶）。初步形成大中小并举、初精制搭配的加工企业集群，茶叶加工能力已突破2万吨。

贵茶集团的碾茶加工厂

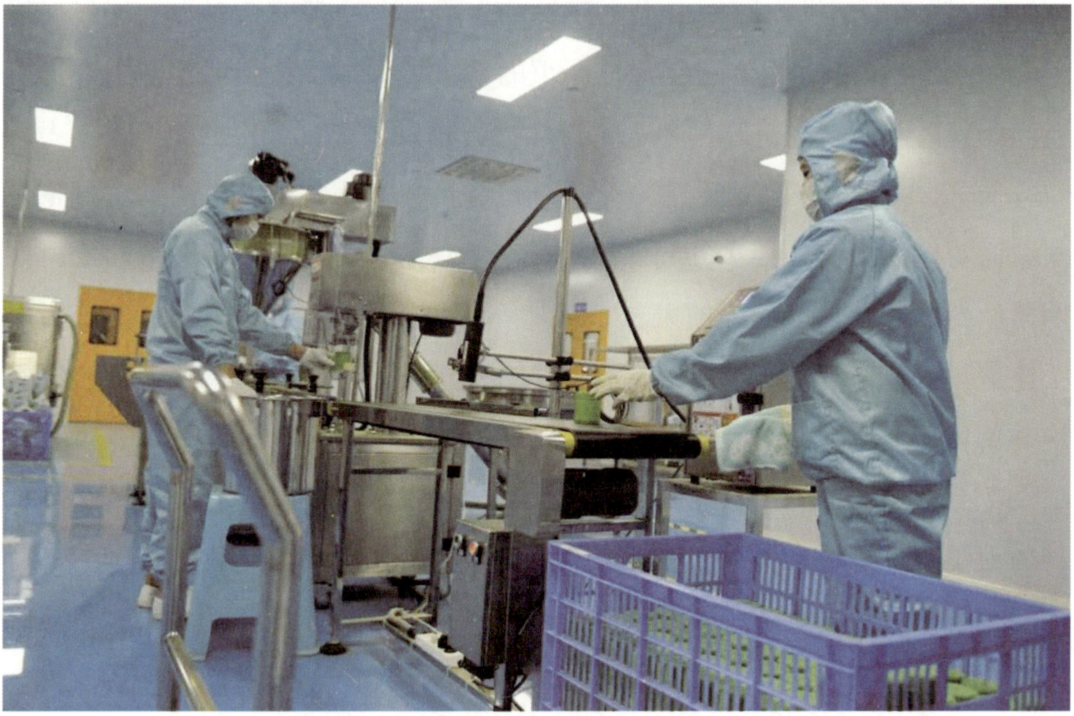

贵茶集团的抹茶加工厂

数据是枯燥的，但数据背后的故事却是生动的。这些数据充分彰显了江口生态茶发展的蓬勃生机和光明前景。

CCTV2《小丫跑两会》专题报道骆象村精准扶贫工作

2015年3月全国“两会”专题报道时，央视著名主持人和央视财经《经济半小时》栏目将目光投向江口，投向骆象村，投向村民肖仕明。

怒溪镇骆象村是在2008年开始发展茶叶种植的，当时还在村子里建立了茶叶加工厂。当地村民不仅能够通过种植茶叶增加收入，而且可以到加工厂打工。而在此之前，骆象村整个山坡光秃秃的，种植庄稼也是“十年九不收”，一遇暴雨，洪水肆虐。水土流失较为严重，治理前全村水土流失面积14668.05亩，占总面积的72.7%。严重的水土流失造成大量耕地消失，加上自然条件的限制，经济结构单一，自然灾害频发，粮食产量低而不稳，人均收入低下，全村4173人有2800余人外出务工，贫困是骆象人的真实写照。

面对这一现实，县水务局认识到只有治理好水土流失才能改变骆象村贫困落后的面貌。县水务局加大了力度，争取到项目资金350万元，实施完成了骆象村8.8平方公里的小流域治理。工程建设管理实行村民自建，对集中连片的坡耕地重点建设福鼎大白茶园730亩、配套机耕道856.5米、生产便道2971米；坡面水系建路带沟1141.7米、建设蓄水池6口、沉沙池6口、消力池1口；流域内剩余耕地采用保土耕作措施，完成保土耕作2053.2亩；疏幼林地、荒山荒坡采用封育治理措施，恢复封育治理10416.6亩。

骆象村骆家坡院子组通组路旧貌

骆象村省级扶贫茶产业高效园区

尤其治理项目中植物措施一项采取种植茶叶，为群众脱贫致富找到了路子。项目实施后，外出打工人员返乡种植茶叶的多了起来。

肖仕明便是在这个时期返乡种植茶叶的。虽然他曾在广东有月薪5000元的工作，但他家却因病致贫。2010年底，肖仕明的妻子被确诊患了子宫癌，之后辗转到县医院、铜仁市人民医院、天津肿瘤医院进行治疗，但是最终没能挽回生命。在妻子还没有患病的时候，肖仕明通过政府的小额扶贫贷款10000元，购买了四头小水牛，原本想着等牛养大卖出赚上一笔，但是为了给妻子治病，他不得不把四头还没有完全养大的水牛变卖交了医疗费，这使得本不富裕的家庭雪上加霜。妻子去世以后，肖仕明不仅要照顾年幼的孩子，还要照顾年迈的父母，他没办法像别人一样出去打工挣钱，让一家人的生活陷入了困境。

陷入困境的肖仕明并没有陷入绝望。在当地政府的扶持下，肖仕明把家

骆象村茶青交易广场

里的几亩土地种上了茶叶，这是当地为增加农民收入而发展的产业之一。政府投资茶苗、肥料，村民自己出人工种茶就行了。

2014 年，茶园进入采摘期，肖仕明卖 4 次明前茶青为全家带来 3000 多元收入。茶园全年的收入，除去两个孩子上学的费用，还有盈余用来还债。后来，肖仕明的茶园达到亩产收入 6000 元，一年收入达到两万多元，生活不再那么艰难了。

2016 年，在骆象村 1000 多户村民中，有 900 多户从事茶业相关产业，2015 年人均年收入达到了 7000 余元，高出全县农民人均水平。

在骆象村的主干道旁，2000 多平方米的茶文化广场格外吸引眼球，一个正在向白色杯子里倒茶的红色大茶壶已成为村里的标志性建筑，茶叶已经成为这个曾经贫困的村落一张傲人的名片。

2017 年 4 月 1 日，央视农业频道《聚焦三农》栏目再次报道江口县茶产业发展建设效益。全县茶产业已实现从无到有、从小到大的发展目标，江口县现在正向着茶叶强县迈进。

西南地区最大的冷水鱼养殖基地——净河村冷水鱼养殖场

江口的“景区带村”模式，也犹如一朵渐渐绽放在武陵山区的花朵。

精准扶贫、精准脱贫战役打响后，江口县依托梵净山优质旅游资源，坚持以全域旅游为抓手，按照“建一个景区、引一批企业、活一带经济、富一方群众”的思路，通过抓好景区建设、发展乡村旅游带动周边村寨脱贫致富奔小康，探索“景区带村”旅游扶贫新路。

“景区带村”模式——寨沙侗寨乡村旅游火爆

具体地说，有三项措施：科学规划建设，让贫困农村美起来；创新发展方式，让乡村旅游强起来；丰富产业形式，让贫困群众富起来。

我们重点来看看江口是如何丰富产业形式，让贫困群众富起来的吧！

一是打好“精品牌”。加大政策、资金扶持力度，在旅游景区景点周边发展精品民宿、乡村旅馆和农家乐，做大做强乡村旅游品牌，促进农村产业结构调整，切实增加贫困群众的收入。2014 年以来，全县农家乐数量从 190 家发展到 531 家，乡村旅游户均年收入从 3.2 万元提高到 15 万元以上。

梵净山脚下的寨沙侗寨靠发展农家乐、精品民宿的乡村旅游火爆

二是念好“山字经”。坚持农旅融合，着力把特色农产品打造成高附加值的旅游商品，让贫困户成为旅游商品的“供应商”和受益者。引进贵茶集团、梵韵缘公司、贵州苗药生物技术有限公司等一批高新技术企业，把茶叶、紫袍玉、山野菜等土特产加工成适销对路的地标式“旅游商品”，直接帮助贫困群众进园务工拿薪金，出售特产有资金。

贵茶集团茶叶生产线深加工出来的梵抹茶成品

三是完善“利益链”。通过引进行业龙头企业（涉旅企业）参与市场开发、产品包装和经营管理，整合农村资源、闲散资金和劳动要素入股到合作社，形成“政府 + 公司 + 合作社（基地）+ 农户”的利益联结模式，实现了资源变资产、资金变股金和农民变股东的转变。

截至2020年底，江口县成功申报世界自然遗产地、国家5A级旅游景区1个，4A级旅游景区2个，3A级景区1个，打造乡村旅游示范点6个。乡村旅游接待达898.62万人次，乡村旅游综合收入为34.95亿元，分别是2014年的4.6倍和7.5倍。旅游产业覆盖农村人口7207户25554人，带动人均年增收4380元，实现了脱贫。乡村旅游成为农民增收、农村脱贫的重要产业。

闵孝镇平寨村贫困户领到利益链分红资金时笑得合不拢嘴

行走在江口，一座座绿意盎然的山岭，一株株苍翠欲滴的树木，一个个热火朝天的奋斗场面……特别是走进梵净山下的村寨，沿途群山葱翠，繁花盛开飘香，幽谷碧水清透……浓浓的绿色生态气息扑面而来，绿色经济在梵净山下的江口方兴未艾。

“花红黑岩”专栏

“一岩两地三化”阔步开启乡村振兴新征程

——贵州省江口县凯德街道黑岩村脱贫攻坚纪实

黑岩村，距江口县凯德办事处7公里，面积为11.82平方公里，有10个村民组315户1096人，于2018年实现脱贫出列。

创实“一岩”，高质量打造党建新品牌

创建“花红黑岩”党建品牌。高质量党建是做好一切工作的基础。2019年，凯德街道抢抓与江苏省苏州市姑苏区国资委下属的历史文化名城发展集团、历史文化名城建设集团等企业开展东西部扶贫协作的大好机遇，以“联建强引领、合作破瓶颈、协作奔小康、共建提振兴”为理念，紧扣“持续攻坚、稳固提升、同步小康”的目标任务，试点探索“党建提升＋乡村振兴”互融模式，在苏州党建“海棠花红”的基础上，创新建立“花红黑岩”党建品牌，围绕“强基础、扶产业、兴文化、优民生、育人才”等重点工作，实现基层组织与人才培养、人居环境与乡村旅游、产业发展与产销对接等方面的深度合作提升，有力促进了黑岩村自身的“造血”能力，有效带动了村民增收致富。2019年，黑岩村入选贵州省“十县百乡千村”乡村振兴示范工程。2020

“花红黑岩”党建品牌

年，黑岩村党支部被评为“全省脱贫攻坚先进党组织”。黑岩村成功举办全市农村基层组织建设现场观摩会和全市计生协会重点工作暨“新市民·追梦桥”工程观摩会，接待《贵州日报》、铜仁市委组织部等调研组考察调研100余次。顺利迎接国家东西部扶贫协作成效考核和全国扫黑办第24特派督导组检查指导，被评为“全国脱贫攻坚先进集体”。

夯实“两地”，高质量打赢脱贫攻坚战

全国精准扶贫建档立卡发源地。率先探索建立“建档立卡”精准管理工作法，实现了识别程序精准、管理过程精准、脱贫成效精准，成为了全国精准扶贫建档立卡发源地和全国“减量提标，两线合一”工作试点村。2015年3月23日，时任中央农村工作领导小组副组长袁纯清到黑岩村对农村扶贫开发工作开展专题调研。2015年5月18日，时任江苏省委副书记、省长李学勇率党政考察团一行到黑岩村考察调研精准扶贫工作，时任中共贵州省

黑岩村是全国精准扶贫建档立卡发源地

委副书记、省长陈敏尔陪同调研。2015 年 11 月，时任国务院副总理汪洋对江口县开展“减量提标，两线合一”试点的调研报告作出肯定性批示。2015 年 12 月，全省“两线合一”和兜底保障工作调度会现场观摩及全市第一书记观摩会在黑岩村举行。

落实“三化”，高质量铺好乡村振兴路

推行支部建设标准化。深入推进村级治理体系改革，创建党建“1+1+1+1”阵地群，常态化开展党性教育、红色教育和理想信念教育等党员活动，实现阵地建设规范化、组织设置规范化、队伍建设规范化、基本制度规范化、基本任务落实规范化、基本保障配套规范化，成为党性教育和精准扶贫精准脱贫实训基地。2019 年，黑岩村被中共贵州省委改革办、中共贵州省委党校授予“贵州省扶贫开发改革现场培训教育基地”。2020 年，黑岩村党支部被评为“全市标准化规范化建设示范党支部”。

黑岩村红色文化长廊

推行农业发展产业化。认真落实农业产业革命“八要素”，积极优化农业产业结构，通过采取“公司＋基地＋合作社＋贫困户”的模式，将建档立卡户户均1万元量化到户的扶贫资金入股龙头企业发展猕猴桃产业，同时依托坝区产业和东西部扶贫协作带动，自主发展猕猴桃种植300亩、空心李种植110亩、百香果种植100亩，蛋鸡养殖10万羽，逐步形成了一体化、规模化、市场化产业发展格局，大大增强了村级农业产业的抗风险能力，当地群众通过土地流转、务工就业、合作社分红等方式，有效实现了增收致富。

推行东西协作样板化。以“花红黑岩”党建品牌建设为引领，持续深化东西部扶贫协作，建立“公司设计＋村级加工（或委托加工）＋共同营销”模式，与苏州雷允上国药连锁总店有限公司联名推出金丝楠木驱蚊香囊、草木染香包、金丝楠木刮痧板等特色文创农创产品。利用“姑苏八点半”发展契机，采取“公司＋合作社”模式，开发“黑岩小铺”，实现了线上线下推荐江口特色抹茶面条、梵净山特色牛肉干、苗银香丸手镯等系列特色产品。2020年，“黑岩小铺”在苏州市姑苏区观前街潮流集市、相城区繁华繁星夜市及双塔集市等地设立销售摊点，各类农创文创产品已销售20余万元，有效带动了黑岩村7名留守妇女长期稳定就业。

黑岩村精品水果示范园

“黑岩小铺”亮相苏州市姑苏区

03

Chapter

决战决胜

江口，就像她的名字一样，纯粹而优雅，让人充满遐想。

双江街道齐心村村头，正是两条河的交汇处，放眼望去，一边是闵孝河，一边是太平河，双江汇合，便是锦江。三江一体，如同一个大写的人字。好一个“一山交三县，一水达三江”。江水清澈，浩浩荡荡，不舍昼夜，锦江入沅江，注入洞庭湖，汇入长江，奔向大海。江口的脱贫攻坚，到了放手一搏、奋力一战的决胜时刻，正如这滔滔江水，奔涌向前，势不可挡。

太平河、闵孝河两河汇流的江口县城

一、最后冲刺

江口县是铜仁市脱贫攻坚拟整县退出的4个区县之一。即使到了这个时候，按照当前的脱贫攻坚标准，全县仍有65个贫困村、19410名贫困群众，贫困发生率为9.09%。江口县脱贫攻坚工作已进入“深水区”，到了啃“硬骨头”、攻坚拔寨的冲刺阶段。这一部分群众能否顺利脱贫摘帽，直接影响着整个脱贫攻坚工作的进程。

2015年11月27日，习近平总书记在中央扶贫开发工作会议上发出了2020年全国人民一道同步迈向全面小康社会的号令。

“贫困之冰，非一日之寒；破冰之功，非一春之暖。做好扶贫开发工作，尤其要拿出踏石留印、抓铁有痕的劲头，发扬钉钉子精神，锲而不舍、驰而不息抓下去。”习近平总书记对脱贫工作的嘱托，回响在江口大地，激荡在

江口县委、县政府召开“脱贫攻坚整县退出”决战动员大会

江口人的心间。

“不获全胜不收兵，不破楼兰终不还。”2017 年 9 月 10 日，江口县“脱贫攻坚整县退出”决战动员大会在县体育馆召开。

千人大会，就是决胜脱贫攻坚的誓师大会。“贫困不除、愧对历史，群众不富、寝食难安，小康不达、誓不罢休”！誓言汇聚着 24 万江口人民的磅礴力量！这是江口县在脱贫攻坚关键时刻召开的规格最高、规模最大、人数最多的一次决战动员大会，标志着江口县脱贫攻坚整县退出到了发起总攻的最后阶段。

总攻阶段的“三大战役”即“战略总攻、全面冲锋、堡垒攻克”。

战略总攻，建立驻村干部“一学二访三会四评”四步工作法（学政策学标准、逐户走访农户、召开组内群众会、召开村民代表评议会），实现精准管理，全面启动因户施策。逐步在各村引导形成“当贫困户不可耻，争当贫困户可耻”的正确导向。

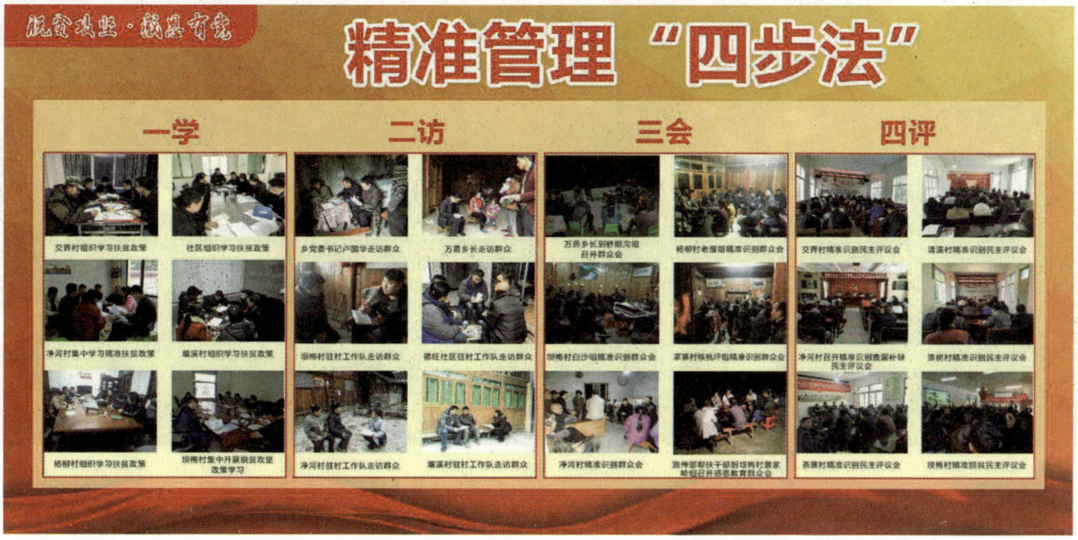

脱贫攻坚期间，江口县探索创新的精准管理“四步法”

全面冲锋，要以产业发展、基础设施、环境整治为主题，实现产业扶贫贫困户利益分红兑现率达100%，贫困户人均分红300元以上；基础设施完成“组组通”工程量的50%、联户路总工程量的100%、人饮工程总工程量的100%。

闵孝镇新田村“村村通”建设成果

桃映镇 500 亩产业大坝，贫困户以土地入股的形式入股村集体产业

德旺乡德旺社区实施人居环境改善工程后的美丽面貌

堡垒攻克，要实现易地扶贫搬迁全部搬迁入住，各项指标达到国家验收标准。

坝盘镇贫困户集中安置点

怒溪镇贫困户集中安置点

“精准管理、产业脱贫、基础设施、易地搬迁、教育培训、医疗扶贫、思想扶贫、环境整治”八大攻坚战任务，做到作战分阶段、阶段有目标、目标有量化、量化有考核，扎实稳步推进全县脱贫攻坚整县退出的大决战。

三大战役、八大攻坚战，是整县退出贫困县大决战发起的全面总攻。全县1500余名脱贫攻坚战士容光焕发、信心满满。他们深刻理解并准确把握脱贫攻坚战略意图、战略目标、战略举措，切实把思想和行动统一到党中央的决策部署上来，坚决全力实现脱贫攻坚目标。

江口县委、县政府向所有贫困群众庄严承诺：村村有主导产业和公共服务，组组通硬化公路及人畜饮水，户户有安全住房与增收产业，人人有医疗保险和脱贫门路，力求人均可支配收入增幅高于全省平均水平，农村面貌全面改善、农村经济蓬勃发展、人民群众安居乐业。

蓝图已勾勒，答卷待交付。

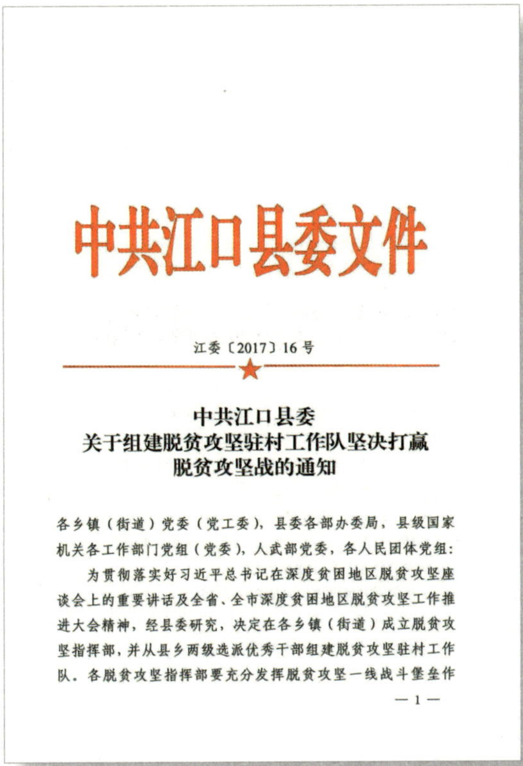

中共江口县委文件

江委〔2017〕16号

中共江口县委
关于组建脱贫攻坚驻村工作队坚决打赢脱贫攻坚战的通知

各乡镇（街道）党委（党工委），县委各部办委局，县级国家机关各工作部门党组（党委），人武部党委，各人民团体党组：

为贯彻落实好习近平总书记在深度贫困地区脱贫攻坚座谈会上的重要讲话及全省、全市深度贫困地区脱贫攻坚工作推进大会精神，经县委研究，决定在各乡镇（街道）成立脱贫攻坚指挥部，并从县乡两级选派优秀干部组建脱贫攻坚驻村工作队。各脱贫攻坚指挥部要充分发挥脱贫攻坚一线战斗堡垒作

—1—

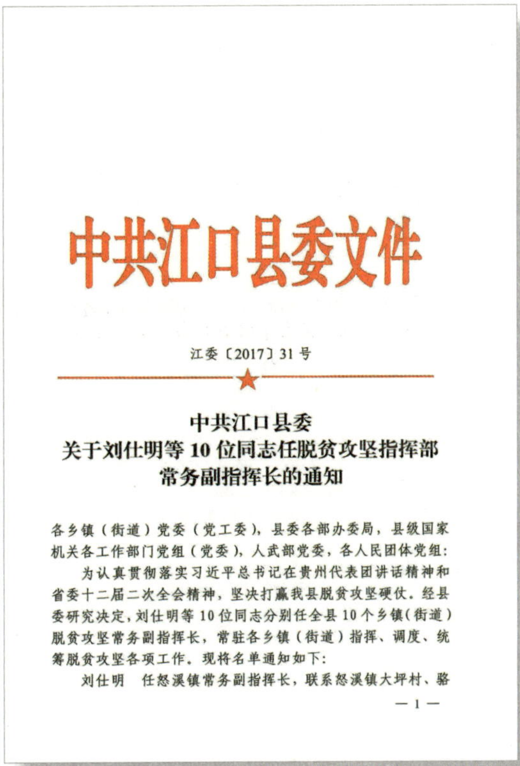

中共江口县委文件

江委〔2017〕31号

中共江口县委
关于刘仕明等10位同志任脱贫攻坚指挥部常务副指挥长的通知

各乡镇（街道）党委（党工委），县委各部办委局，县级国家机关各工作部门党组（党委），人武部党委，各人民团体党组：

为认真贯彻落实习近平总书记在贵州代表团讲话精神和省委十二届二次全会精神，坚决打赢我县脱贫攻坚硬仗。经县委研究决定，刘仕明等10位同志分别任全县10个乡镇（街道）脱贫攻坚常务副指挥长，常驻各乡镇（街道）指挥、调度、统筹脱贫攻坚各项工作。现将名单通知如下：

刘仕明　任怒溪镇常务副指挥长，联系怒溪镇大坪村、骆

—1—

中共江口县委专门制定下发的县委领导及人大、政协主要领导任指挥长的文件

各级领导既是指挥员，又是战斗员，也是服务员。在全县 10 个乡镇（街道）分别组建了脱贫攻坚指挥部，由县四大班子主要领导或县委常委任指挥长，负责全面协调解决乡镇（街道）和村（社区）在人、财、物和干部作风方面存在的困难和问题。

根据各村（社区）人数比例，按照每村 5—15 人不等的标准配备，在全县抽调 897 名干部组成 104 个脱贫攻坚驻村工作队；选派县直部门副科级以上领导干部 60 人、第一书记 60 人，实行全脱产驻村；由乡镇（街道）联系村（社区）领导担任工作队队长，县直副科级以上领导担任副队长。按照“缺什么补什么”的原则，分别组建交通建设、人饮工程、安居房建设、环境整治、易地扶贫搬迁等 10 个专班工作队，由分管县领导担任队长，挂牌服务。

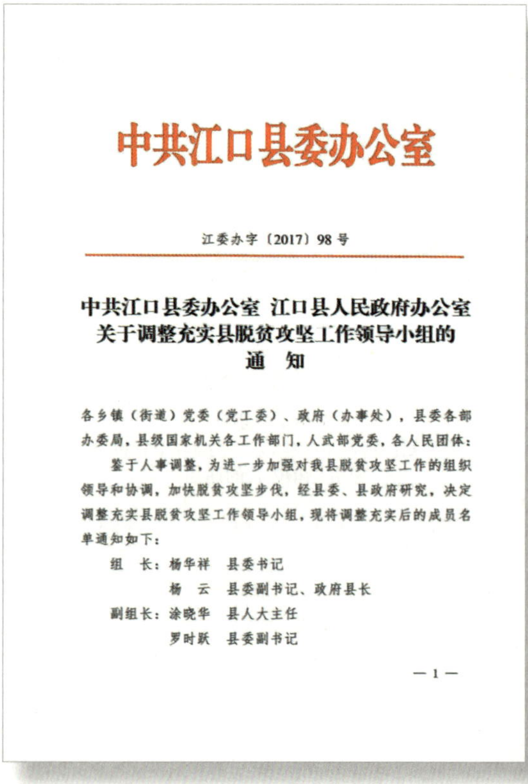
中共江口县委办公室

江委办字〔2017〕98 号

中共江口县委办公室 江口县人民政府办公室
关于调整充实县脱贫攻坚工作领导小组的
通　知

各乡镇（街道）党委（党工委）、政府（办事处），县委各部办委局，县级国家机关各工作部门，人武部党委，各人民团体：

鉴于人事调整，为进一步加强对我县脱贫攻坚工作的组织领导和协调，加快脱贫攻坚步伐，经县委、县政府研究，决定调整充实县脱贫攻坚工作领导小组，现将调整充实后的成员名单通知如下：

组　长：杨华祥　县委书记
　　　　杨　云　县委副书记、政府县长
副组长：涂晓华　县人大主任
　　　　罗时跃　县委副书记

— 1 —

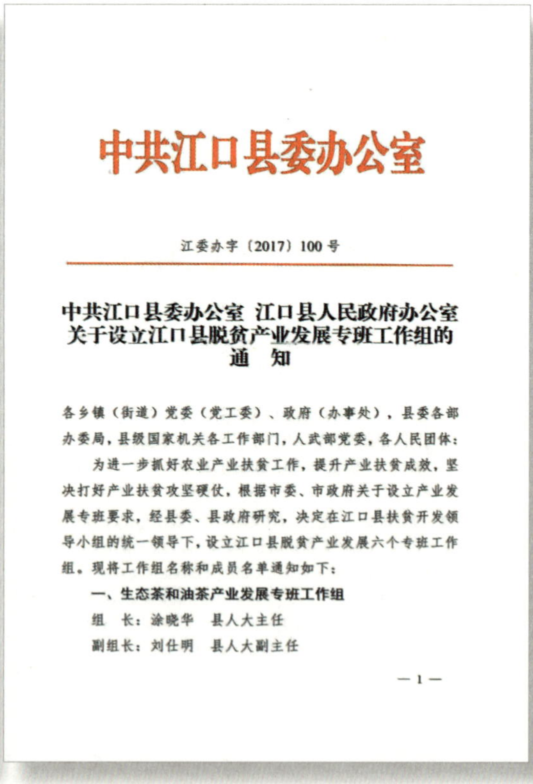
中共江口县委办公室

江委办字〔2017〕100 号

中共江口县委办公室 江口县人民政府办公室
关于设立江口县脱贫产业发展专班工作组的
通　知

各乡镇（街道）党委（党工委）、政府（办事处），县委各部办委局，县级国家机关各工作部门，人武部党委，各人民团体：

为进一步抓好农业产业扶贫工作，提升产业扶贫成效，坚决打好产业扶贫攻坚硬仗，根据市委、市政府关于设立产业发展专班要求，经县委、县政府研究，决定在江口县扶贫开发领导小组的统一领导下，设立江口县脱贫产业发展六个专班工作组。现将工作组名称和成员名单通知如下：

一、生态茶和油茶产业发展专班工作组

组　长：涂晓华　县人大主任
副组长：刘仕明　县人大副主任

— 1 —

为加快推进脱贫攻坚各项工作，江口县委、县政府专门成立了 9 个工作专班大幕开启，在脱贫攻坚的舞台上，每个人都是主角。

“精准管理、产业脱贫、易地扶贫搬迁、基础提升、社会保障、社会和谐”六大攻坚主战场工作全面展开，还有查漏补缺的“游击战”……

脱贫攻坚，重在责任。打赢整县退出大决战，是全县当前和今后一个时期压倒一切的头等大事和第一民生工程。10个乡镇（街道）脱贫攻坚指挥部指挥长、各乡镇（街道）党政主要负责人、各驻村工作队队长、第一书记以及各村（社区）支书（主任）层层立下脱贫攻坚“军令状”，誓用担当换脱贫，敢叫贫困换新颜。

广大党员干部奋勇争先，决心夺取脱贫攻坚整县退出决战的全面胜利。

二、智慧火花

常言道：苦干实干有奔头，不干乱干吃苦头。江口的干部群众“干”字当头，苦干实干加巧干。

江口标准，精准发力。这是江口智慧、江口力量！

2011年12月，中共中央、国务院印发《中国农村扶贫开发纲要（2011—2020年）》，勾画了全国扶贫开发愿景，首次提出“到2020年，稳定实现扶贫对象不愁吃、不愁穿，保障其义务教育、基本医疗和住房。贫困地区农民人均纯收入增长幅度高于全国平均水平，基本公共服务主要领域指标接近全国平均水平，扭转发展差距扩大趋势”的脱贫标准。

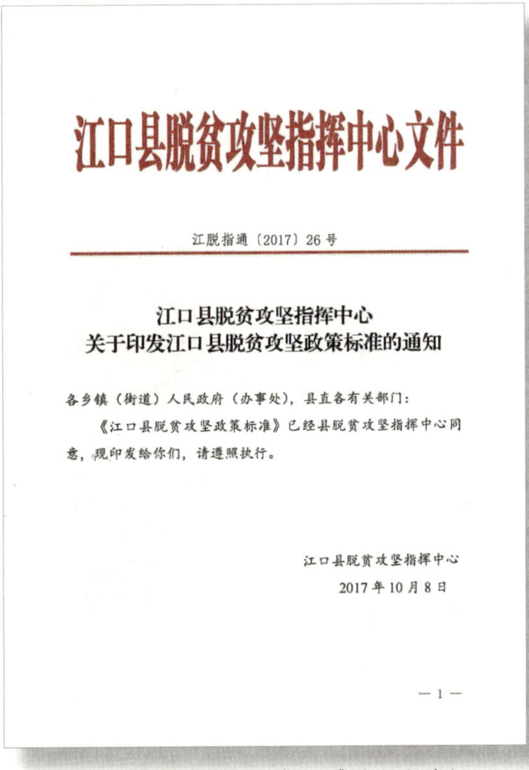

江口县脱贫攻坚指挥中心文件

江脱指通〔2017〕26号

江口县脱贫攻坚指挥中心
关于印发江口县脱贫攻坚政策标准的通知

各乡镇（街道）人民政府（办事处），县直各有关部门：

《江口县脱贫攻坚政策标准》已经县脱贫攻坚指挥中心同意，现印发给你们，请遵照执行。

江口县脱贫攻坚指挥中心
2017年10月8日

— 1 —

2017年江口县制定下发了《关于印发江口县脱贫攻坚政策标准的通知》

贵州省第十二次党代会报告指出：全

力解决贵州省乌蒙山片区、武陵山片区和滇桂黔石漠化片区整体贫困问题，确保到 2020 年全省农村贫困人口稳定实现“一达标、两不愁、三保障”，确保现行标准下农村贫困人口全部脱贫，确保贫困县全部摘帽，决不让一个民族、一个地区掉队！

江口人不含糊，在瞄准建档立卡贫困人口实施精准扶贫、精准脱贫时，既看收入，又不能只看收入，运用好“一达标、两不愁、三保障”这把尺子去综合衡量贫困群众是否真正实现稳定脱贫，进一步细化量化，形成了独具特色的江口标准。

一是“一达标、两不愁、三保障”江口标准。

“一达标”明确主要以经营收入、工资性收入、财产性收入和转移性收入作为计算指标。“两不愁”明确“不愁吃”必须“四有”：有米、有油、有肉、有橱柜；“不愁穿”必须“四有”：有衣、有被、有床、有衣柜。“三保障”明确教育有保障务必做到“两有”：人人有学上、费用有保障；医疗有保障务必做到“两不”：生病不愁医、看病不愁钱；住房有保障务必做到“两全”：功能齐全、结构安全。

江口县“两不愁”标准中的部分具体内容

二是“六不改”和“五改一化一维”江口标准。以村民组为单位按照实际改造户数计算，户均不得超过 1.5 万元，以实际改造经费据实结算。

“六不改”江口标准：易地扶贫搬迁户、生态移民搬迁户、地质灾害搬迁户搬迁后未拆除的危旧房不改等。“五改一化一维”江口标准：

改厨，有单独的房间作为厨房，有固定的灶台和碗柜，灶台平整。

实施改厨标准后，农户家的厨房改造效果

改厕，无圈户新建厕所，有圈户在原地结合改圈同时改造，确保有相对独立卫生间，有围栏有门，地面平整有蹲位。

实施改厕标准后，农户家的厕所改造效果

改圈，实现居住与圈舍分离，有完善的储粪池，设置清运方便的粪便出口。

实施改圈标准后，农户家的猪圈改造效果

改水，实现“龙头一打开，清水自然来”的目标。

实施改水标准后，农户实现了“龙头一打开，清水自然来”

改电，对老旧线路和供电设备进行更换，确保用电安全。

室内和房前硬化，硬化室内、阶沿和房前院坝。

实施硬化标准后，群众房屋前后的硬化效果

房屋维修，对居住不安全的破旧损坏、漏风漏雨房屋进行维修，实现农村住房主体结构坚固、屋顶不漏雨、地面平整硬化、四周装板、门窗齐全。

贫困户房屋维修前

贫困户房屋维修改造后

三是贫困县、贫困村、贫困户识别退出程序标准。

将贫困户识别、贫困户脱贫、贫困村出列、贫困县退出、第三方评估检查等程序标准，做到标准一致、要求一致、效果一致。

听说过授红旗，没听说过授白旗；听说过“骏马奖”，没听说过“蜗牛奖”。

这就是江口特色，更是江口的决心。每个战役评比时，设两面流动红旗、一面流动白旗。对阶段目标完成好和考核排名全县第一、第二的乡镇（街道）授予流动红旗、颁发“骏马奖”，分别奖励工作经费 50 万元、40 万元，年终单位绩效总分加 1 分；对阶段目标完成差、考核排名挂末的乡镇（街道）授予流动白旗、颁发“蜗牛奖”，年终单位绩效总分扣 1 分，对党政主要负责人和分管负责人给予提醒谈话、诫勉谈话，甚至是组织处理。

江口县双江街道在脱贫攻坚堡垒攻克战役阶段干群连心、奋力争先、共荣共辱，荣获“骏马奖”50 万元工作经费

民和镇韭菜村就是先得了个“蜗牛奖”，觉得脸上无光，奋起直追，后来又夺得了“骏马奖”。

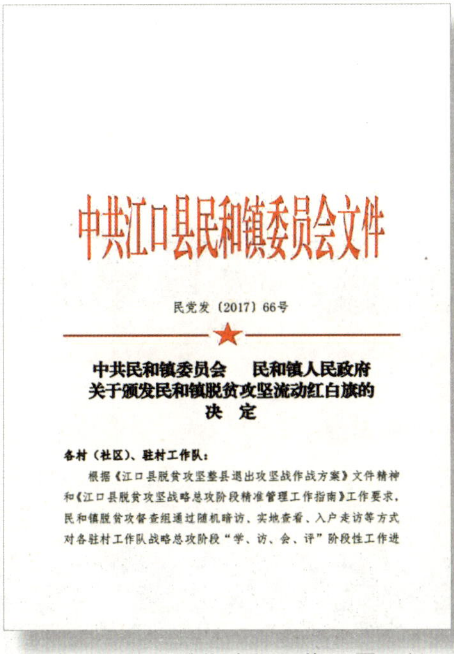

中共江口县民和镇委员会文件

民党发（2017）66号

中共民和镇委员会　民和镇人民政府
关于颁发民和镇脱贫攻坚流动红白旗的
决　定

各村（社区）、驻村工作队：

根据《江口县脱贫攻坚整县退出攻坚战作战方案》文件精神和《江口县脱贫攻坚战略总攻阶段精准管理工作指南》工作要求，民和镇脱贫攻督查组通过随机暗访、实地查看、入户走访等方式对各驻村工作队战略总攻阶段“学、访、会、评”阶段性工作进

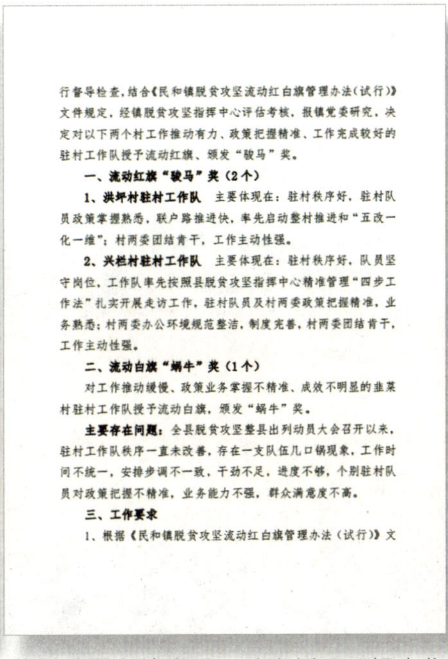

行督导检查，结合《民和镇脱贫攻坚流动红白旗管理办法（试行）》文件规定，经镇脱贫攻坚指挥中心评估考核，报镇党委研究，决定对以下两个村工作推动有力、政策把握精准、工作完成较好的驻村工作队授予流动红旗、颁发“骏马”奖。

一、流动红旗“骏马”奖（2个）

1、洪坪村驻村工作队　主要体现在：驻村秩序好，驻村队员政策掌握熟悉，联户路推进快，率先启动整村推进和“五改一化一维”；村两委团结肯干，工作主动性强。

2、兴栏村驻村工作队　主要体现在：驻村秩序好，队员坚守岗位，工作队率先按照县脱贫攻坚指挥中心精准管理“四步工作法”扎实开展走访工作，驻村队员及村两委政策把握精准，业务熟悉；村两委办公环境规范整洁，制度完善，村两委团结肯干，工作主动性强。

二、流动白旗“蜗牛”奖（1个）

对工作推动缓慢、政策业务掌握不精准、成效不明显的韭菜村驻村工作队授予流动白旗，颁发“蜗牛”奖。

主要存在问题：全县脱贫攻坚整县出列动员大会召开以来，驻村工作队秩序一直未改善，存在一支队伍几口锅现象，工作时间不统一，安排步调不一致，干劲不足，进度不够，个别驻村队员对政策把握不精准，业务能力不强，群众满意度不高。

三、工作要求

1、根据《民和镇脱贫攻坚流动红白旗管理办法（试行）》文

2017年10月因脱贫攻坚工作开展不好，韭菜村被民和镇党委、政府授予“蜗牛奖”

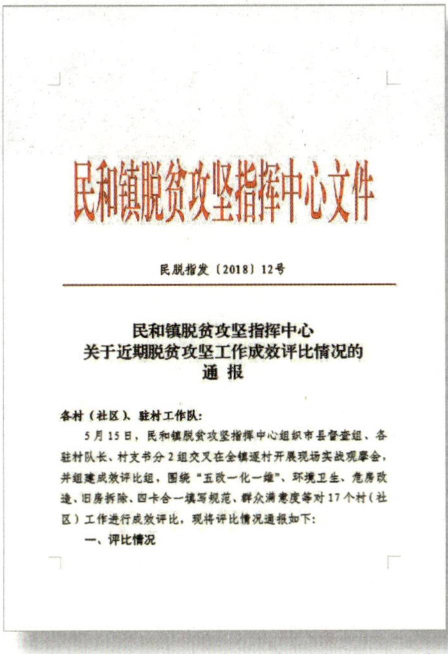

民和镇脱贫攻坚指挥中心文件

民脱指发〔2018〕12号

民和镇脱贫攻坚指挥中心
关于近期脱贫攻坚工作成效评比情况的
通　报

各村（社区）、驻村工作队：

5月15日，民和镇脱贫攻坚指挥中心组织市县督查组、各驻村队长、村支书分2组交叉在全镇逐村开展现场实战观摩会，并组建成效评比组，围绕“五改一化一维”、环境卫生、危房改造、旧房拆除、四卡合一填写规范、群众满意度等对17个村（社区）工作进行成效评比，现将评比情况通报如下：

一、评比情况

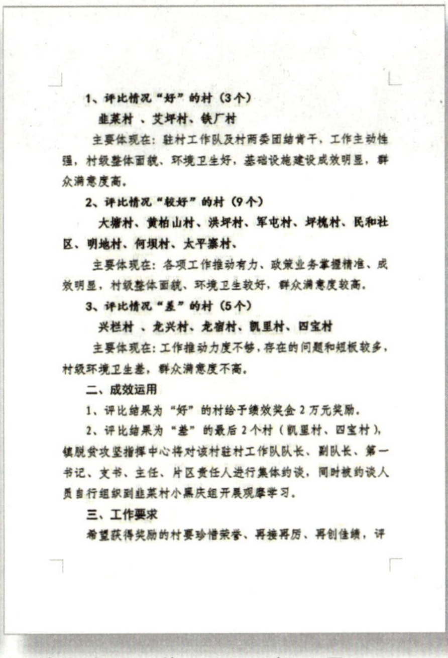

1、评比情况“好”的村（3个）

韭菜村、艾坪村、铁厂村

主要体现在：驻村工作队及村两委团结肯干，工作主动性强，村级整体面貌、环境卫生好，基础设施建设成效明显，群众满意度高。

2、评比情况“较好”的村（9个）

大塘村、黄柏山村、洪坪村、军屯村、坪槐村、民和社区、明地村、何坝村、太平寨村、

主要体现在：各项工作推动有力、政策业务掌握精准、成效明显，村级整体面貌、环境卫生较好，群众满意度较高。

3、评比情况“差”的村（5个）

兴栏村、龙兴村、龙宿村、凯里村、四宝村

主要体现在：工作推动力度不够，存在的问题和短板较多，村级环境卫生差，群众满意度不高。

二、成效运用

1、评比结果为“好”的村给予绩效奖金2万元奖励。

2、评比结果为“差”的最后2个村（凯里村、四宝村），镇脱贫攻坚指挥中心将对该村驻村工作队队长、副队长、第一书记、文书、主任、片区责任人进行集体约谈，同时被约谈人员自行组织到韭菜村小黑庆组开展观摩学习。

三、工作要求

希望获得奖励的村要珍惜荣誉、再接再厉、再创佳绩，评

韭菜村顶住压力，苦干实干，扎实抓好脱贫攻坚工作，2018年5月被民和镇党委、政府授予“骏马奖”

像韭菜村一样，既得过“蜗牛奖”，又得了“骏马奖”的村还有好几个。

可以说，在江口，真正评出了责任、评出了压力、评出了动力，形成了脱贫攻坚“比学赶超”的浓厚氛围。

江口县因地制宜，综合施策，不断寻找脱贫致富“良方”，总结提炼出了“五四三”(五个讲清楚、四个大活动、三个不忘记)群众思想教育工作法。

在 2018 年脱贫攻坚堡垒攻克第十次调度会上，县委书记杨华祥为千名驻村帮扶干部讲授“五个讲清楚、四个大活动、三个不忘记”群众思想教育工作法

在江口，随便问一个扶贫干部，都能说出“五四三”工作法，而且印象深刻。

要给群众讲清楚，农村面貌是历史以来变化最大的。从新中国成立，到改革开放，到中国特色社会主义新时代，中国从“站起来”到“富起来”到“强起来”。过去农村村寨破旧、环境脏乱差，现在村村小康寨、环境干净整洁；过去农村贫穷落后、吃不饱穿不暖，现在农村逐步小康、吃得饱穿得好；过去农村住的是烂木房，现在住的是小康房；过去交通不便，走的是泥巴路，肩挑背驮，现在乡乡柏油路、村村水泥路、寨寨硬化路、户户联户路，农村"走路不湿鞋、喝水不用抬、煮饭不用柴"。

脱贫攻坚后，桃映镇农村新貌

要给群众讲清楚，农村群众是脱贫攻坚中受益最多的。近年来，围绕精准扶贫、精准脱贫，中央和省、市、县出台了一系列政策措施。在不到一年的时间完成了1200多公里组组通、290多万平方米联户路、600多处安全水、2.5万户"五改一化一维"等基础设施建设，工程总量比过去10年的总和还要多，解决了一系列农村长期想解决而没有解决的问题，办成了一系列群众最关心、最迫切、多年想办而没有办成的实事。不只是贫困群众受益，所有群众都得到了实惠，现在农村基本上有病不愁医、读书不愁钱、住房有保障。

脱贫攻坚期间闵孝镇沙坝河村至平寨村的“村村通”公路建设成果

要给群众讲清楚，扶贫济困是最重要的文化传承。当前，有的群众认为脱贫攻坚自己受益少，一定程度上影响了群众认可度。大家要传承扶贫济困的美德，感恩党、感恩社会，绝不躺在国家帮扶的温床上睡大觉，绝不当“两争两瞒”户。

桃映社区贫困户感恩党、感恩国家扶贫政策，主动申请脱贫

要给群众讲清楚，干部作风建设是近些年以来最扎实的。在脱贫攻坚战中，全县党员干部深入村组、深入群众，团结一心、用情用力推进脱贫攻坚，精准核实信息、真心扶贫帮困、推进产业发展、改善基础设施、提升环境面貌，倾力为民办实事、做好事。广大党员干部战晴天、斗雨天，放弃双休日、放弃节假日，“5+2”“白 + 黑”成了常态，舍小家顾大家，用脚步丈量民生，走千家万户、说千言万语、想千方百计。要大张旗鼓、旗帜鲜明地给群众讲清楚党员干部带领群众脱贫致富的先进典型和为脱贫攻坚付出的艰苦努力。

驻村干部帮助群众抬运改圈用的胶合板

干群齐心抬水管埋线，保障安全用水

驻村干部深夜入户核对信息时停电了，群众就打手电筒照亮，让干部及时把相关信息核对记录好

要给群众讲清楚，脱贫摘帽是最值得骄傲的大好事。江口作为全省第二批 14 个拟退出区县之一，走在了贵州贫困县的前面，走在了全省 10 个生态县的前列，有望摘掉贫困帽，这是一件值得每个江口人骄傲的大事和自豪的喜事。

五个讲清楚，讲得清清楚楚、明明白白，就是要营造一个脱贫光荣的好氛围。

江口还探索推行了“四下沉、四结合、四覆盖”群众工作法，顺利完成脱贫摘帽，取得了零漏评、零错退，群众认可度达99.05%的优异成绩，在全省14个退出县中排第一名。

江口县脱贫攻坚
“四下沉、四结合、四覆盖”
工作法

江口县创新探索的脱贫攻坚“三个四”工作法

省人民政府关于桐梓等14个县（区）退出贫困县的通告

根据中共中央办公厅、国务院办公厅《关于建立贫困退出机制的意见》精神，经桐梓县、凤冈县、湄潭县、习水县、西秀区、平坝区、黔西县、碧江区、万山区、江口县、玉屏侗族自治县、兴仁县、瓮安县和龙里县扶贫开发领导小组申请，遵义市、安顺市、铜仁市、毕节市、黔南州、黔西南州扶贫开发领导小组初审，省扶贫开发领导小组核查，国务院扶贫开发领导小组委托第三方评估机构进行专项评估检查，桐梓县、凤冈县、湄潭县、习水县、西秀区、平坝区、黔西县、碧江区、万山区、江口县、玉屏侗族自治县、兴仁县、瓮安县和龙里县符合国家贫困县退出标准。

经研究，同意桐梓县、凤冈县、湄潭县、习水县、西秀区、平坝区、黔西县、碧江区、万山区、江口县、玉屏侗族自治县、兴仁县、瓮安县、龙里县退出贫困县。

特此通告。

贵州省人民政府
2018年9月21日

延伸阅读：

省人民政府关于同意桐梓等14个县（区）脱贫退出的批复

省扶贫办：

你办《关于呈请批准桐梓等14个县（区）实现贫困退出的请示》（黔扶呈〔2018〕90号）收悉。根据国务院扶贫办《关于反馈贵州省2017年贫困县退出专项评估检查结果的函》（国开办函〔2018〕136号）意见，经研究，现批复如下：

一、原则同意桐梓县、凤冈县、湄潭县、习水县、西秀区、平坝区、黔西县、碧江区、万山区、江口县、玉屏侗族自治县、兴仁县、瓮安县、龙里县脱贫退出。

二、省扶贫办要指导上述14个县（区）政府继续根据国家和省委、省政府有关规定，抓好脱贫攻坚各项工作，防止出现松劲、懈怠，始终保持攻坚态势。加大对剩余贫困人口的帮扶力度，做到思想上不松懈，工作上不松劲，不断巩固提升脱贫成果，加快全面小康建设进程。

三、省扶贫办要进一步强化监督管理，深入实施精准扶贫、精准脱贫，继续实行最严格的扶贫考核评估，确保脱贫退出成果经得起历史和人民的检验。

贵州省人民政府
2018年9月21日

贵州省人民政府公布全省14个贫困县脱贫摘帽结果

贵州省2017年贫困县退出专项评估检查结果

县（区）	综合贫困发生率	错退率	漏评率	群众认可度
桐梓县	1.91%	0.10%	-	94.83%
凤冈县	1.84%	-	-	95.17%
湄潭县	1.83%	-	-	95.78%
习水县	2.12%	0.16%	0.17%	95.15%
西秀区	1.46%	0.13%	-	96.96%
平坝区	1.74%	-	-	96.67%
黔西县	1.68%	-	0.08%	96.06%
碧江区	1.71%	-	-	97.64%
万山区	1.19%	-	-	96.37%
江口县	1.98%	-	-	99.05%
玉屏侗	1.64%	0.04%	-	95.13%
兴仁县	1.84%	0.12%	-	96.49%
瓮安县	1.23%	0.11%	-	96.73%
龙里县	1.21%	-	-	95.52%

注：“-”表示错退、漏评问题不显著。

江口县在全省14个贫困县脱贫摘帽评估检查结果中排名第一

脱贫攻坚要因地制宜，各有各的特色，各有各的创新。

江口县民和镇在实践中总结提炼出群众思想扶贫“四步工作法”，也就是“一建二讲三干四比”：建立组织机构→宣讲政策方法→实干带动群众→六荣一耻比认识。“四步工作法”得以在全县推广。

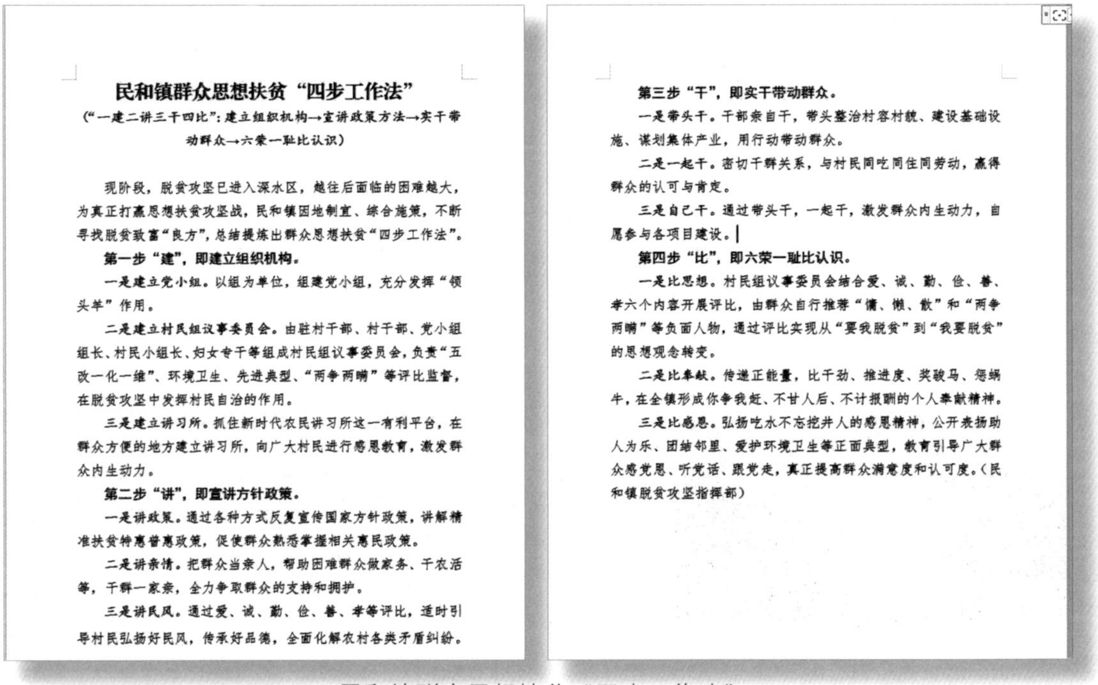

民和镇群众思想扶贫“四步工作法”

（“一建二讲三干四比”：建立组织机构→宣讲政策方法→实干带动群众→六荣一耻比认识）

现阶段，脱贫攻坚已进入深水区，越往后面临的困难越大，为真正打赢思想扶贫攻坚战，民和镇因地制宜、综合施策，不断寻找脱贫致富“良方”，总结提炼出群众思想扶贫“四步工作法”。

第一步“建”，即建立组织机构。

一是建立党小组。以组为单位，组建党小组，充分发挥“领头羊”作用。

二是建立村民组议事委员会。由驻村干部、村干部、党小组组长、村民小组长、妇女专干等组成村民组议事委员会，负责“五改一化一维”、环境卫生、先进典型、“两争两瞒”等评比监督，在脱贫攻坚中发挥村民自治的作用。

三是建立讲习所。抓住新时代农民讲习所这一有利平台，在群众方便的地方建立讲习所，向广大村民进行感恩教育，激发群众内生动力。

第二步“讲”，即宣讲方针政策。

一是讲政策。通过各种方式反复宣传国家方针政策，讲解精准扶贫特惠普惠政策，促使群众熟悉掌握相关惠民政策。

二是讲亲情。把群众当亲人，帮助困难群众做家务、干农活等，干群一家亲，全力争取群众的支持和拥护。

三是讲民风。通过爱、诚、勤、俭、善、孝等评比，适时引导村民弘扬好民风，传承好品德，全面化解农村各类矛盾纠纷。

第三步“干”，即实干带动群众。

一是带头干。干部亲自干，带头整治村容村貌、建设基础设施、谋划集体产业，用行动带动群众。

二是一起干。密切干群关系，与村民同吃同住同劳动，赢得群众的认可与肯定。

三是自己干。通过带头干，一起干，激发群众内生动力，自愿参与各项目建设。

第四步“比”，即六荣一耻比认识。

一是比思想。村民组议事委员会结合爱、诚、勤、俭、善、孝六个内容开展评比，由群众自行推荐“懒、懒、散”和“两争两瞒”等负面人物，通过评比实现从“要我脱贫”到“我要脱贫”的思想观念转变。

二是比奉献。传递正能量，比干劲、推进度、奖骏马、惩蜗牛，在全镇形成你争我赶、不甘人后、不计报酬的个人奉献精神。

三是比感恩。弘扬吃水不忘挖井人的感恩精神，公开表扬助人为乐、团结邻里、爱护环境卫生等正面典型，教育引导广大群众感党恩、听党话、跟党走，真正提高群众满意度和认可度。（民和镇脱贫攻坚指挥部）

民和镇群众思想扶贫“四步工作法”

为打好脱贫攻坚歼灭战，民和镇还率先提出了“三个一”工作法。

“一村一研判”统揽精准问题。精准是脱贫攻坚春风行动歼灭战最好的“药方”，“问题是什么，怎么解决，谁来解决，什么时候能解决”是脱贫攻坚歼灭战的工作思路。民和镇以“一村一研判”为抓手，深入各村（社区）开展集中专题研判，厘清问题找准病根，摸清底数，统揽全局。截至目前，县委副书记、民和镇脱贫攻坚总指挥长杨雪峰带队专题研判了 14 个村（社区），共梳理查出问题 459 个，其中共性问题 32 个，主要包括组组通、联户路、饮水、环境整治等，个性问题 427 个。

民和镇何坝村驻村工作队及村“两委”召开工作会，对当日工作完成情况逐一销号，并就次日重点工作做具体部署

“一村一方案”细化精准措施。“联户路未完工怎么解决，环境卫生差怎么整治，收入不达标怎么解决，饮水无保障怎么解决”，各村根据专题研判梳理出的问题，建立工作整改台账，分门别类地研究整改措施，明确解决措施、责任人、解决时限，结合各村实际问题制定整改方案。目前，研判梳理出的问题，已在规定时间内全面完成整改，群众满意度大幅度提升。

“一天一督查”强化精准保障。民和镇进一步织牢县、镇、村三级督查网络，完善督查机制，按照事先不打招呼、分片督查的原则，开展大排查、大走访、大整改活动，并责令限期整改到位。对督导中发现整改落实不到位及不作为、乱作为的责任主体立即启动问责程序，倒逼驻村工作队、帮扶单位、帮扶干部认真履职尽责，确保责任落实到位，切实解决作风不实的问题，为脱贫攻坚提供坚实保障。

时任县委副书记、民和镇脱贫攻坚总指挥长杨雪峰到村督查梳理问题整改情况

民为本，民为天；和为贵，和生财。"民和"二字，既有渊源，又有期许，反映了当地民风和畅，和睦相处，你中有我，我中有你。"民和"精神在脱贫攻坚中闪烁着别样的光芒。

开局就是决战，起步就是冲刺。

三、荣耀之战

心中有爱，哪怕山高路远。爬冰卧雪，只为心中的牵挂。那个冬天，怒溪社区驻村干部在雪地里匍匐前进的镜头，一度刷爆微信朋友圈。

2018 年 1 月 26 日，寒潮来袭，天寒地冻。骆家坡组路上不去、电话打不通，成了怒溪镇的“孤岛”。骆家坡组是怒溪社区最穷的村民组，也是全镇最穷最落后的组。山路崎岖陡峭，群众出行困难，群众居住的是竹编房、土砖房、烂木房。

陈代书是否还有胃药，张大娘家米缸里是否还有米……这些成了驻村干部心中的牵挂。

但是，驻村干部犯难了，外面白雪皑皑，路面结冰，怎么去得了骆家坡啊？

去，再难也要去！因为那里有一个组的百姓，有自己的亲人。

用木棍做拐杖、用稻草绳做鞋套，驻村干部一步一滑地向骆家坡组走

风雪无情人有情，驻村干部冒着严寒、脚踏坚冰为陈代书送米

去、走去。一段长30余米的斜坡路挡住了他们的去路。两边没有任何护栏和可攀爬的树枝，斜坡背后是600米高的悬崖，若不小心滑下悬崖，后果不堪设想。

是等到天气好转再上去，还是冒着危险继续前行？

不，不能退缩，不能放弃！这是扶贫干部的承诺，更是责任与担当！他们手挽手，胸脯紧紧贴住冰面，手脚并用，爬上去，滑下来，爬上去，又滑下来……30余米的路程，足足花了半小时。

北风凛冽，雪花飞舞，当他们到达贫困户陈代书家门口时，头上已满是冰珠，肩上、胸前早已结了一层薄薄的冰。

60多岁的陈代书家是骆家坡组最穷的一户，一副碗筷、一个水缸、一个锈迹斑斑的三角铁架锅是他的全部家当，房屋四处跑风漏雨。妻子在生下女儿不久后，因病去世。因家里太穷，女儿很早就独自外出打工了，家里就剩下陈代书一个人，陈代书面对这样窘迫不堪的生活，曾经多次想一死了之。

自从驻村干部进驻骆家坡组后，时常与陈代书交心谈心，帮他修建房屋、硬化庭院等，帮助陈代书重塑生活信心。陈代书会吹唢呐，他自编了一曲唢呐调《感谢有你》，每天饭后，他都会吹上一阵，那唢呐声如泣如诉，如痴如醉，飘出小山村，飞向远方。

陈代书吹奏自编的唢呐歌曲《感谢有你》

声声唢呐，唢呐声声，吹出的是陈代书脱贫后的喜悦，吹出的是对扶贫干部的感恩，吹出的是对党的好政策的赞歌。

是的，扶贫在左，感恩在右。陈代书家的变化不只是怒溪镇1272户贫困户变化的一个缩影，也是江口县上上下下 3000 多名扶贫工作者苦干实干加巧干的一个剪影，正是这些点点滴滴汇聚成江口脱贫攻坚的巨大力量。

梵净山下，江口大地，一幅自然和谐、乡村振兴的美丽画卷正在徐徐展开。

有人说，陪伴是最长情的告白。这句话很流行，因为它说出了许多人的痛点、泪点。

有你相伴，那便是最好的时光。每一个孩子都是父母的心头肉，谁不想陪伴在子女的身边，伴着他们快乐地成长呢。可偏偏有人——许许多多的人，选择了别离，日夜奋战在脱贫攻坚第一线。

梁勇洪是 2016 年被选派到德旺乡坝梅村的首批驻村干部，妻子在松桃教书。从驻村工作开始，夫妻二人都不能陪伴在孩子身边，他们的女儿小雨馨才 7 岁啊。

小雨馨只能一个人住在家里，每天都是自己上学放学、洗脸穿衣……

一路汗水晶莹

动人故事

你的成长，我的亏欠

这是一个关于陪伴的故事

孩子都是父母的掌上珠，心头肉，有谁不想时刻陪伴自己的子女，不错过他们成长过程中的每时每刻。梁勇洪是2016年选派到德旺乡坝梅村的首批驻村干部，妻子在松桃教书，随着驻村工作的开始，夫妻二人都不能陪伴在孩子身边，7岁的小雨馨只能一个人住在家里，每天自己上学放学、洗脸穿衣……饿了，就在街边卖个盒饭应付；困了，就给父亲发一个短信后然后自己上床睡觉。洗澡时不会使用电热水器，梁勇洪只能在电话的那头焦急又细心的教导，“乖女，就是水龙头上面的那个开关，扭一下就是热水，慢点、慢点，小心别烫着……”一个7岁的小女孩因为父母都不在身边，不得不早早学会独立，可这个孩子毕竟只有7岁，一个需要父母陪伴、关心的年纪，但因为驻村工作的艰巨，梁勇洪只能硬着心肠让年仅7岁的女儿独自挺过这一段难熬的时光。

2017年9月13日，一个让梁永洪刻骨铭心的的日子，正在村里干着“五改一化一维”的梁勇洪电话响起，一个陌生的声音传来“你是梁雨馨的父亲吗？你女儿被车给撞了，你现在能来下医院吗？”犹如晴天霹雳的消息让梁勇洪扔下手中的工具立即驱车往医院赶，看着受了惊吓的小雨欣独自坐在医院走廊的凳子上，额头、手脚上满是擦伤，三颗牙齿被撞断，其中一颗还刺穿了牙龈，嘴里还在留着血，父女对视的那一刻，小雨欣哭着叫了一声爸爸，一个1米8几的大汉没能忍住眼泪，梁永洪抱着女儿失声痛哭，为女儿在受伤后没能第一时间赶到她的身边而愧疚，也为自己没能尽到一个父亲责任而自责难过。

在脱贫攻坚这场战役中，像这样的情景还有许多，驻村干部们通常是十天半月回一次家，换身衣服又匆匆离开，回到家时又经常是深夜，看着孩子熟睡的脸庞，内心满是对孩子的亏欠与愧疚，但这些都成为了见证这场战役中最难忘的记忆。

江口县委宣传部驻村干部梁勇洪的感人故事

饿了，就在街边买个盒饭应付；困了，就给父亲发一个短信后自己上床睡觉。

洗澡时雨馨不会使用电热水器，梁勇洪只能在电话的那头焦急又细心地遥控她，“乖女，就是水龙头上面的那个开关，扭一下就是热水，慢点、慢点，小心别烫着……”一个7岁的小女孩因为父母都不在身边，不得不早早学会独立，可这个孩子毕竟只有7岁，一个需要父母陪伴、关心的年纪。

梁勇洪只能强忍担忧，坚守在坝梅村。

这是一段多么难熬的时光。

2017年9月13日，一个让梁勇洪刻骨铭心的日子，他正在村里忙活着，电话突然响起，一个陌生的声音说：“你是梁雨馨的父亲吗？你女儿被车撞了，你现在能来下医院吗？”

犹如晴天霹雳，梁勇洪扔下手中的工具立即驱车赶往医院。受到惊吓的小雨馨独自坐在医院走廊的凳子上，额头、手脚上满是擦伤，三颗牙齿被撞断，其中一颗还刺穿了牙龈，嘴里还在流着血。

父女对视的那一刻，小雨馨哭着叫了一声：“爸爸——”这个一米八几的大汉再也抑制不住心酸，一把抱住女儿失声痛哭起来。

坝盘驻村干部盈明洋的孩子才7个月，脱贫攻坚期间两度因病被送上手术台，而作为父亲的他却不能在旁陪伴。

县委书记杨华祥的女儿深夜发高烧，他只能在电话里嘱咐家人好好照料，自己又继续处理公务。

县长杨云每每听着电话那头儿子期盼的声音说：“妈妈，这个周末可以回来看我吗？你很久都没回家了。”她都只能说：“乖，等我忙完了，就回来看你。”

还有很多的扶贫干部有着类似的经历，通常是十天半月才能回一次家，回到家时又经常是深夜，看着孩子熟睡的脸庞，内心满是对孩子的歉疚，但又不能久留，换身衣服又匆匆离开……

四、青春飞扬

习近平总书记寄语广大青少年：“现在，青春是用来奋斗的；将来，青春是用来回忆的。”

青春的底色，永远是“奋斗”二字。在江口脱贫攻坚的战役中，一大批年轻人勇于担当，谱写出新时代青春的华章。

2016 年 4 月，杜露雪被县人大机关选派驻凯德街道办事处黑岩村任第一书记。

那一年，杜露雪 23 岁。

黑岩村位于凯德的西南部，距离办事处 7 公里。该村山高坡陡，平均海拔 650 米，喀斯特地貌凸显，耕地面积仅 1983 亩。全村辖 10 个村民组 344 户 1112 人，其中 2016 年建档立卡精准扶贫户 52 户 125 人，属国家二类贫困村。

杜露雪说：“我本身是学医的，后来改行了。我在县人大工作，当时听说要下派干部到基层，我主动说，我年轻，我去。文件上说要党员，我上大学的时候 18 岁入的党。我就跟领导说，我想下去，我年轻不怕吃苦，之前做过三支一扶志愿者，一直想在基层锻炼一下。2014 年在黑岩村开了一次全国性的脱贫攻坚现场会，我当时没参加，是没有赶上。我是 2016 年 4 月从县人大派下来当第一书记，应该是其中最年轻的一个。”

杜露雪到精准扶贫建档立卡户罗建军家中看望病危的周贵仙老人，并专门邀请医生到家中为其治疗

来到黑岩村后，杜露雪脱下高跟鞋，走村串户，访贫问苦，嘘寒问暖，慢慢地成为乡亲们最亲近的乡邻。

一开始，村民们对她并不信任。有次开群众会，杜露雪拿手机想照张相，有人说你不要照相，照我就不参加了。一直到晚上十点多才散会。杜露雪感觉到有人在刁难她，她一出门就哭了。

有个村民的房屋很破烂，不安全，杜露雪给他争取了一个搬迁房名额。

有人不讲理，觉得村里不公平，与村干部对着干。这个人确实有病又贫困，要申请吃低保。杜露雪就帮他做群众工作，让他吃上了低保。

有人对低保与贫困户评议有意见，故意挑矛盾，杜露雪跟他们解释，一个一个讲清楚，一票一票地走，一户一户地填，慢慢地大家对她产生了信任感。

杜露雪在精准扶贫建档立卡户陈素香家中为其耐心宣传讲解扶贫政策

村委会主任罗鹏指着已经竣工的村委会办公楼说：“这个是我们村新建的村委会办公楼，房子是修好了，但就是搬不进去，因为资金不足，室内没有装修，办公设施设备也还没置办。”

说者无意，听者有心。杜露雪决定回趟“娘家”，向县人大汇报求助。

县人大相关领导倾力帮助协调，争取到帮扶资金共33.8万余元，帮助完善了该村办公楼的室内装修和配套设施建设，添置办公电脑、打印设备4套，置办了办公桌和会议桌椅共64套。同时，建成了一个集篮球场、健身区、文化长廊于一体的村民文化休闲娱乐广场。

一个多月后，村委会终于搬进了新“家”。

经过杜露雪争取项目资金修建完善后的黑岩村村委会

杜露雪在走访中发现，基础设施建设始终是村里的“老大难”问题。因为村子地处高坡，又属于典型的喀斯特地貌，所以缺水一直是村里最大的难题之一。眼看即将进入旱季，全村有近一半人面临饮水难和800多亩耕地灌溉难的问题，这让杜露雪寝食不安。

杜露雪白天进城跑项目资金，晚上进组入户搞调研、编方案。连续几个月下来，她先后帮助协调资金200多万元，修建大小蓄水池20多个，架设供水管道3000米，新修和硬化产业路、通组路、联户路5.6公里，新建村级卫生室1个，安装通组联户路太阳能路灯250盏，有效改善了群众的生活生产条件。

过去黑岩村基础设施相当落后

“田间种水稻，地里栽红苕，要想吃得饱，全靠天色好”。长期以来，黑岩村以传统农耕作业为主，大多数群众“靠天吃饭”，部分群众因“一方水土养不活一方人”而选择外出务工。

面对黑岩村的如此“窘境”，杜露雪认为绝不能坐以待毙。为了找准致富路子，她先后邀请县农牧科技局、国土局、林业局、烟草局等专业团队到黑岩村联合会审，精准把脉，开出“产业处方”。同时组织村支“两委”、党员群众和致富带头人赴重庆、湖北等地考察学习产业发展。

“进农家门、知农家困、解农家难、干农家事”，杜露雪坚持走访，把每家每户的基本情况都“记录在案”，亲手绘制了黑岩村民情地图，列出困难清单，制定帮扶措施，确保小康路上不让一组一户一人掉队。

精准扶贫户罗廷军的老房子因年久失修，摇摇欲坠。

杜露雪数次奔走在黑岩村和办事处之间，最终向易地扶贫搬迁项目部争取到周屯安置点住房一套。2018 年 9 月，罗廷军一家高高兴兴地住进了新房子，还分到了周屯一亩猕猴桃基地股权，开启了幸福新生活。

黑岩村罗廷军家搬进了周屯新家之后

34 岁的罗银毛是一名残障人士，具备基本劳动能力，想就业却成了问题。

杜露雪与村“两委”协商，聘请他为村级卫生员，每天打扫村里公共区域的环境卫生，每月工资为 400 元。如今，每次碰到杜露雪，罗银毛总是竖起自己的大拇指。

得到驻村干部帮助，罗银毛在黑岩村村委会做了保洁员

最让杜露雪牵挂的是村里的老弱病残和鳏寡孤独。

黑岩村有残疾人 28 人、孤寡老人 36 人、留守儿童 30 名。

说起村里的弱势群体，杜露雪显得忧心忡忡：“他们大多数人虽然享受着国家的低保，但他们最缺的还是关怀和温暖，每次我去看望他们，我都感受得到那种期待。”

一年多下来，杜露雪把自己变成了村“保姆”，哪家哪户有人生病了，她就自掏腰包送去药品；重阳节到了，她就自己烙上一篮子鸡蛋葱油饼，逐一走访看望……截至目前，杜露雪走访群众1860余人次，化解矛盾纠纷30余起，为群众办好事210多件，开展信访维稳、法律法规、土地纠纷和时事宣传等方面的活动100余次。

杜露雪真蹲实驻、真抓实干，用自己的真心与真情打通了服务群众的“最后一公里”。以前村民见了杜露雪只是客气一下，现在看到她就要拉到家里去坐。他们把杜露雪当作自己的“满女”，杜露雪成了家家户户的“满女”。

在黑岩村乃至江口县，都知道杜露雪是“不脱贫不脱单”。杜露雪坦然地说：“我现在真没时间谈对象。”2017年11月，在全县表彰大会上，杜露雪被提拔为凯德街道农村服务部部长。

在黑岩村，接替杜露雪担任第一书记的是韩易霖，一位“80后”女同志，她是从贵州省扶贫办派驻江口的扶贫干部。她到黑岩村已经一年了，对黑岩村的情况了如指掌。说起“梦圆2020”，她信心满满。

韩易霖在驻村期间为贫困户送去党的关怀

杨兰，同样是从贵州省扶贫办派驻江口的扶贫干部，同样是“80后”女同志，她刚来江口不久，在双江街道任副书记，联点齐心村。她说：“我总觉得自己来晚了，没能赶上脱贫攻坚的大战役。民心党建+组务会就是从齐心搞起来的，之后在全县推广。眼下各村正在推行民心党建+河长制+垃圾兑换超市，相信双江的面貌又会有很大改观。”

杨兰在贫困户家中与群众深入交流

习近平总书记在党的十九大报告中指出，“大力发现储备年轻干部，注重在基层一线和困难艰苦的地方培养锻炼年轻干部，源源不断选拔使用经过实践考验的优秀年轻干部”。他还告诫干部“要深入基层、深入实际、深入群众，在改革发展的主战场、维护稳定的第一线、服务群众的最前沿砥砺品质、提高本领”。

铜仁市委、江口县委先后出台了《关于做好脱贫攻坚一线干部关怀激励工作意见》，对全县所有乡镇（街道）干部、村干部、贫困户帮扶责任人和驻村“第一书记”、驻村工作组成员、农技人员等脱贫攻坚一线人员，全面实行关怀激励机制。

时势造英雄。贵州省委书记孙志刚指出：“百炼才能成钢，锻造才能成材。”

脱贫攻坚这场硬仗是最艰巨的任务，最能检验干部、最能考验干部、最能锤炼干部。对党绝对忠诚、靠本事吃饭、拿实绩说话的好干部，该提拔的提拔、该重用的重用、该奖励的奖励。如果谁影响了“摘帽”大事，将坚决追责到底、决不手软。坚持政治上关心、工作上支持、心理上关怀、待遇上保障，最大限度激发内生动力、强化责任担当，激励和引导广大干部在脱贫攻坚中建功立业。

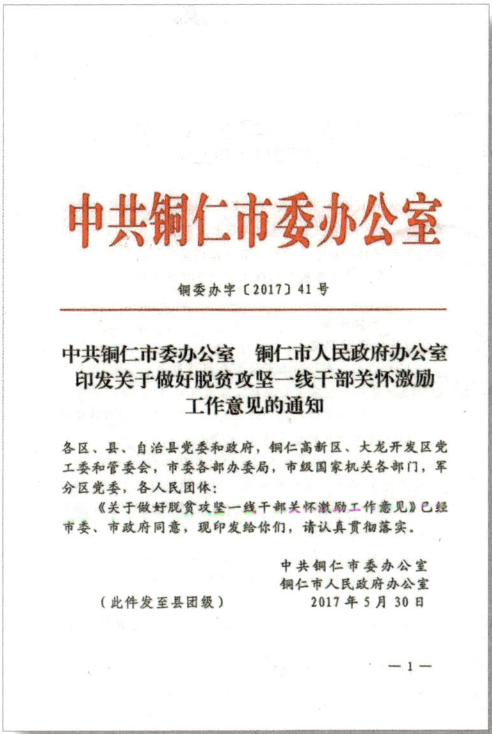
中共铜仁市委办公室

铜委办字〔2017〕41号

中共铜仁市委办公室　铜仁市人民政府办公室
印发关于做好脱贫攻坚一线干部关怀激励
工作意见的通知

各区、县、自治县党委和政府，铜仁高新区、大龙开发区党工委和管委会，市委各部办委局，市级国家机关各部门，军分区党委，各人民团体：

《关于做好脱贫攻坚一线干部关怀激励工作意见》已经市委、市政府同意，现印发给你们，请认真贯彻落实。

中共铜仁市委办公室
铜仁市人民政府办公室
2017年5月30日

（此件发至县团级）

—1—

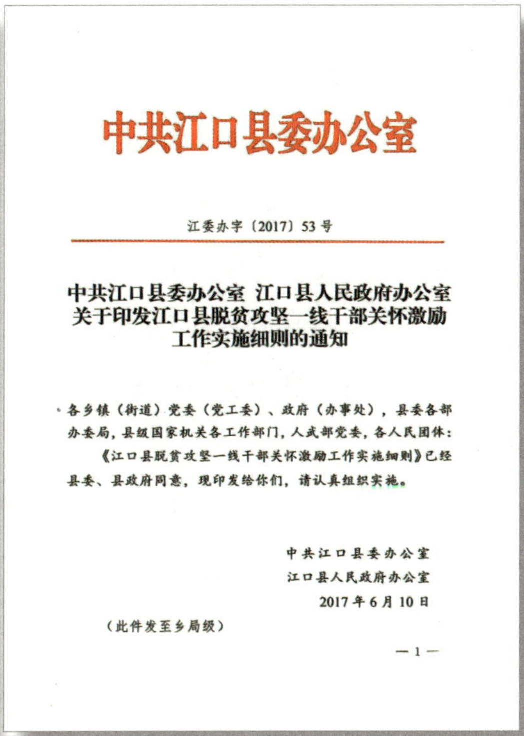
中共江口县委办公室

江委办字〔2017〕53号

中共江口县委办公室 江口县人民政府办公室
关于印发江口县脱贫攻坚一线干部关怀激励
工作实施细则的通知

各乡镇（街道）党委（党工委）、政府（办事处），县委各部办委局，县级国家机关各工作部门，人武部党委，各人民团体：

《江口县脱贫攻坚一线干部关怀激励工作实施细则》已经县委、县政府同意，现印发给你们，请认真组织实施。

中共江口县委办公室
江口县人民政府办公室
2017年6月10日

（此件发至乡局级）

—1—

铜仁市委市政府和江口县委县政府制定下发的脱贫攻坚一线干部关怀激励工作实施文件

县委组织部制定《江口县脱贫攻坚专题培训工作方案》，切实增强为基层服务的本领。支持和鼓励事业单位选派专业技术人员深入脱贫攻坚第一线，促进人才在事业单位和企业间的合理流动，营造有利于在脱贫攻坚第一线创新创业的政策和制度环境。

倡导容错纠错，对非因主观故意出现的失误偏差、损失和负面影响，符合容错条件和情形的，依法依规从轻处理或免除相关责任，最大限度地调动脱贫攻坚第一线干部工作的积极性、主动性和创造性。

习近平总书记强调：“同人民一起奋斗，青春才能亮丽；同人民一起前进，青春才能昂扬；同人民一起梦想，青春才能无悔。”

五、巾帼风采

爱情和事业，是青春时期两个重要又纠结的选择题，其答案没有谁对谁错，有的只是你内心最终的抉择。

这是一场特殊的婚礼，结婚当天，新郎新娘都没有出现在婚礼现场。

新郎潘文政是怒溪镇扶贫站站长，新娘陈婵是怒溪镇骆家屯驻村干部，他们既是情侣又是脱贫攻坚战中并肩作战的战友，重任在肩，他们曾经三度推迟婚期。

2018 年 7 月 11 日，国家第三方评估验收组连续第三天来到怒溪镇。这天也是陈婵第三次推迟婚期的出阁之日。就在这天上午，陈婵接到电话，电话那头传来母亲焦灼的声音：“你怎么还没回来，亲戚朋友都已经到了……”没等母亲说完，陈婵便打断了她的话，说：“妈，我还在忙，先挂了，一会回来。”挂断电话后，陈婵悄悄用手背擦干泪水，转身又投入迎检工作中。就在此时，新郎潘文政的电话也几乎被打爆，家里人不停地催问，什么时候回来，什么时候去女方家接人……等他稳定了情绪，深吸一口气后，拨通了陈婵的电话：“亲爱的，对不起，又得让你再等等了……以后咱们补上好吗？”陈婵笑着说：“没关系，你不觉得这才是值得一生回忆的事儿吗？”两个年轻人直到下午检查工作完毕后，才匆匆赶到婚礼现场。

新娘陈婵家办出阁宴，新郎潘文政
在脱贫攻坚迎检一线无法赶到女方家迎娶新娘

婚礼的第二天，新婚的小两口还未来得及换下新装，又匆匆忙忙回到了迎检第一线。

无独有偶，德旺乡扶贫站站长吴静也是三推婚期。

2015年7月，吴静大学毕业，10月到德旺乡政府上班，主要负责全乡的扶贫开发系统工作。她跟男朋友是高中同学，他们恋爱了七年，男朋友在贵阳新区上班，她回到了老家。

2017年，父母催他们结婚，吴静回复家里：不结，还要玩一下。

其实，玩只是个借口，那时是扶贫最忙的时候。

这年4月，她男朋友的爷爷过世了。农村有个习俗，晚辈要么当年结婚，要么就再等三年。她已经26岁了，再过三年就近30岁了，家里说必须当年把婚结了。时间就定在6月。

吴静犹豫了，刚好赶上绩效考核，各区县抽人，她被抽出来考核其他区县，查建档立卡，查项目，没办法换人。她只好说天气太热了，婚纱照还没拍呢，再缓缓吧。

第二次定在9月，吴静回来后又被抽调到县办做扶贫开发系统工作，实在忙不过来。

第三次是10月，那时候扶贫站站长因为家里的原因辞去了职务，党委、政府要吴静把这个重任扛起来。正遇到全省党政绩效考核，半年前德旺乡在全市排倒数第20位，每个人都觉得脸上无光。吴静很想打一个翻身仗，每天都加班加点工作。

吴静与驻村干部们正在聚精会神地采集核对相关信息

一推再推，最后定在2018年2月，又遇到省办第三方评估，直到2月9日，她把所有的工作做完，总算把婚结了。

吴静回忆说，我的婚礼与别人不一样，没有那样隆重，还有点辛酸的感觉。

作为基层扶贫干部，辛苦不用说，加班是常态。吴静从 2015 年上班到 2018 年江口顺利退出贫困县，休息日加起来没有超过一个月。她对接的是政策数据审核、政策如何落地、如何让老百姓利益得到最大保障，很多个日日夜夜，她脑子里全是数据。现在，老百姓找到吴静，只要说出自己的名字，她就能说出他是哪个村哪个组的。

其实在脱贫攻坚工作中，推迟婚期的何止陈婵、吴静，还有向丽，这些年轻的姑娘，都因忙于脱贫攻坚工作一再推迟婚期。

或许这让她们人生中美好的婚姻显得不够完美，留下了一些缺憾，但正是这不完美、这些缺憾给她们的青春留下了特别的印记。

2017 年 11 月 7 日，民和镇黄柏山村“巾帼脱贫攻坚行动”正式启动。

在黄柏山村脱贫攻坚巾帼突击队员授旗仪式上，15 名巾帼突击队员身着迷彩服，个个精神饱满、蓄势待发，充分展示了黄柏山村的巾帼风采。

巾帼突击队员授旗仪式

妇女能顶“半边天”，在青壮男子大多外出务工的乡村显得尤为突出。

黄柏山村把信念坚定、品行良好、乐于奉献、做群众工作能力强的女同志组织起来，组建“黄柏山村脱贫攻坚巾帼志愿服务队”。

民和镇党委书记刘仕建说，女同志是脱贫攻坚的重要力量，巾帼突击队要把广大妇女最广泛、最紧密地团结在党的周围，听党话、跟党走；要团结引领广大妇女走在脱贫攻坚的前列，自力更生、艰苦奋斗，为打赢脱贫攻坚战充分发挥“半边天”的作用；要联系和服务困难妇女，为她们做好事、办实事、解难事，让她们感受到党和政府的关怀与温暖，鼓起自立自强的勇气和信念。

民和镇韭菜村杨家岭组有个年过古稀的老奶奶袁提云，是 1983 年入党的老党员。在人居环境、村容村貌改善工程中，她不顾年事已高，处处身先士卒，不分天晴落雨带头投工投劳，却不要一分钱报酬。晚上还协助驻村工作队动员群众积极投身家乡建设，切实为村民办好事、办实事。她协助驻村工作队成功调解各类纠纷 6 起，群众满意度达到 100%。

老党员袁提云老人身先士卒投工投劳修建蓄水池

袁提云老人从来没有把自己当个老人家，打围栏、扎篱笆，这家帮到那家，处处少不了她。她常笑着说："莫看我脸上皱巴巴，我的心还是十八！"

进入杨家岭，坡地上有一块新平整的停车场。这里原本是袁提云家的荒地，是她主动把自家的荒地贡献出来，用来修建村里停车场的。

如今的杨家岭已经成为全县脱贫攻坚示范的先进典型，房前屋后整齐有序，联户路、通组路干净整洁，杨家岭的笑脸墙上满是大家幸福的笑脸。

袁提云没有停歇下来享清福，时常穿上自己的工作服，佩戴"突击队"袖章，带上自家的工具，为村里的事忙碌。

2017 年 9 月，民和镇民和社区来了一位年轻的驻村工作队队员，她叫田沙，是个"90 后"研究生。

田沙是江口县市场监督管理局的工作人员，正因为她太年轻，村民对她能否为村里办事心里没有底。

民和社区驻村工作队队长严天祥说，有一次他下村回来，看到田沙趴在办公桌上低声哭泣，满脸委屈，就仔细问她是怎么回事。原来是民和社区新五组村民贺某来到社区办理安装电表申请盖章，田沙跟贺某讲，盖章需要身份证复印件、电话号码用于登记录入网上办事系统，贺某就气势汹汹地叫道："没有带身份证就不能盖章了吗？你们贺主任呢？盖个公章这么麻烦，办事能不能有点效率，你们总是让老百姓来回跑嘛。"田沙无奈，只得把章盖了，但感觉一肚子委屈。

擦干泪水，她重新振作，开始学习当群众工作的"研修生"，自称"田妹"。白天虚心向村干部学习工作方法，下村入户淘经验，与群众拉近距离，晚上研究工作方法和与群众沟通的技巧。她很快完成了身份的"蜕变"，当起了山区群众的"贴心人"。

她与工作组的其他同志通过入户宣传、召开村民代表大会、脱贫户感恩会、小组会、院坝会、火坑座谈会、田间地头会等多种形式，宣讲党的方针政策 100 多场次，充分利用村务公开宣传栏、便民手册、海报等宣传党的方针政策，发放便民手册1000多本，在各小组村路口醒目处悬挂精准扶贫、合作医疗等宣传标语100多幅，与时俱进地推进了农村低保、“五改一化一维”、易地搬迁、医疗救助、精准扶贫等惠民政策，营造了让社区群众知晓国家路线方针政策的良好氛围。

田沙经常说：“作为驻村干部，要让村民相信你、喜欢你，就得真心实意为群众做事，把他们当亲人。”帮困难群众办低保，为残疾人办理残疾证，帮助孤寡老人打扫房间，帮助贫困户实施“五改一化一维”，帮助广大群众办理合作医疗……每一件事她都尽心尽力。田沙成了百姓心中的“宣传员”、村民眼中的“好帮手”。

田沙与驻村队员们帮助贫困户下瓦

有一次，田沙在与新十一组贫困户胡秀强的交谈中，了解到其妻子黄梅一直未上户口，其原因是两人没有领结婚证，黄梅系民和镇韭菜村人，原家庭属于贫困户，因外嫁将其销户了，成了“黑户口”。田沙得知情况后，及时联系韭菜村、民政局、派出所了解相关办理程序，全程协助胡秀强办理结婚证、上户口等问题。

2017年，民和社区苗云发展60亩蔬菜基地，田沙成了蔬菜种植的“实习生”。

这个“实习生”白天跟村民下地干活，抢抓蔬菜培种、育苗、栽种的好时期；晚上根据村民种植的蔬菜品种，通过网络查询、翻阅书籍等方式学习蔬菜种植技术，并把学到的技术与村民探讨，有些好的蔬菜种植技术还被村民采纳试用，为民和社区蔬菜种植注入了新的活力。

如今，田沙走在村子里任何地方，总会有村民主动和她打招呼。

民和社区支部书记鄢国春欣慰地说：“田沙这个丫头真不错，没让我们失望，她为我们村里办的实事，我们都看在眼里，记在心里。”

当谈及驻村感受时，田沙觉得最深的感触是“渴望”。她说：“面对一双双渴望的眼睛，有时自己真的力不从心。时间久了，我已成为群众中的一员，我比他们多了点渴望：渴望爱心的凝聚，渴望多点项目、多点资金扶持，渴望多点力量早日促成现有项目的实施，渴望看见百姓灿烂的笑容，渴望得到百姓的理解、支持、信任，渴望尽我所能改善民和社区的现状、帮助民和社区早日脱贫致富。”

还有一群“女汉子”，在脱贫攻坚战役中，她们克服了比男同志更多的困难，长期驻守在脱贫攻坚第一线，做空巢老人的“贴心女儿”，当留守儿童的“爱心妈妈”。她们用自己的真诚、善良感化着群众，用智慧和情怀书写着新时代女性的别样风采！

六、忠孝之歌

古人常说“忠孝不能两全”。现实中，我们虽然不能把忠孝截然分开，但在有些情况下，尽忠还是尽孝往往是让当事人头疼的两难抉择。当然，不同的人会有不同的答案。

肖剑是江口县政府办电子政务中心主任、太平镇快场村驻村工作队副队长，刚过不惑之年的他，鬓角已见染霜。

2017 年 8 月，肖剑向单位领导主动申请加入了驻村队伍。在参与驻村工作前，肖剑的父亲就已身患重病。其实考虑到父亲只有年迈的母亲照顾，肖剑顾虑重重。父亲语重心长地说：“村里的乡亲比我更需要你，我有你妈照顾，你放心大胆地去，踏踏实实地干。”肖剑带着老父亲的嘱托，忘我地投入到脱贫攻坚战斗中，其间一直未能回家尽孝。

11 月 21 日凌晨 4 点，刚刚上床睡觉的肖剑被手机铃声惊醒，电话那头传来哥哥焦灼的声音：“老父亲快不行了，赶快回来！”

肖剑立即驱车往家赶，6 点钟到家，推门而入，看见父亲躺在床上已经说不出话了，肖剑喊叫时，父亲深陷的眼眶里滚落出两颗晶莹的泪珠，他心里明白，是久盼的儿子回来了。肖剑一遍遍呼喊着父亲，看着父亲被疾病长期折磨的消瘦身躯，平时坚强无比的硬汉再也克制不住内心的愧疚，扑通一声跪倒在父亲的床前，眼泪夺眶而出，“爹，儿子不孝啊！”

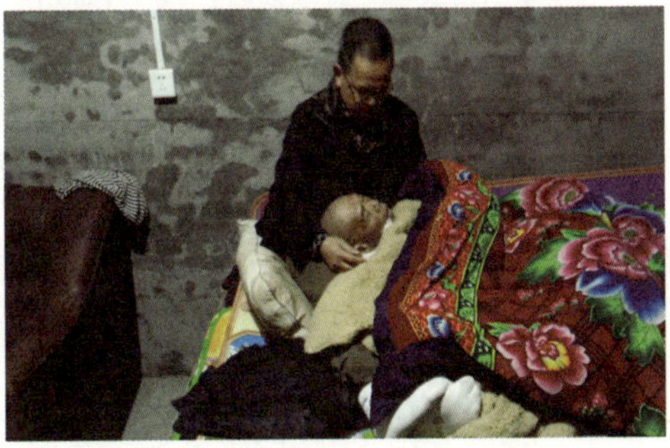

肖剑抽空回家看望病危的老父亲，两眼满是泪花地看着老父亲

天亮后，肖剑给父亲擦洗身子，不禁心如刀割。父亲因久病床上，81 岁高龄的母亲没法帮其翻身，背上已经溃烂。肖剑双膝跪地，失声痛哭起来，他觉得自己是个不孝子，深深地自责着。第二天晚上，80 岁的老父亲

在肖剑的怀里安详地走了，没能等到脱贫攻坚胜利的那一刻。

按照家乡习俗本该让父亲的遗体在家里多停放些时日，让亲戚朋友们都来看最后一眼，再选个好日子下葬。但作为快场村驻村工作队副队长的他，深知脱贫攻坚乃国之大事，重任在肩，不容长久耽搁，他强忍悲痛，找了一个入土为安的理由，说服家人，两天后让父亲上山。母亲知道儿子忠孝难两全，同意了他的决定。第四天，肖剑处理完父亲后事，便匆匆赶回了快场村。

肖剑在痛失亲人后仍忍痛坚持开展驻村帮扶工作

他把快场村当成了自己的家，他把村民当成自己的亲人，他把老百姓的事当成自己的事。

驻村期间，肖剑牵头化解矛盾纠纷 30 多起，帮助群众解决实际困难 50 多件次。他包片的院子村民组，从矛盾频发、民怨较大、开群众会人员不齐，到如今全员支持配合、自发投工投劳建设感恩文化墙，乡风民风发生了根本性转变，成了全村民风转变最大、卫生保持最好、最支持配合工作、最知恩感恩的模范村民组。

可扫描二维码观看江口县根据驻村帮扶干部卢剑、秦嬋两位同志感人事迹为主线编导的微电影《牵挂》

姜应权是铜仁市麻风病医院院长、江口县卫计局副局长，根据县委组织部的安排，于 2017 年 12 月被派驻四宝村担任驻村工作队队长。

“到四宝村驻村扶贫的这些日子，我最担心的就是生病的母亲，但单位派我过来，我就一定要坚守好岗位，把扶贫工作做好，让山区群众真正脱贫致富。”姜应权说出他的心里话。

四宝村是一个典型的省级一类贫困村，共辖 9 个村民小组 316 户 1190 人，建档立卡贫困户就有 108 户 450 人，群众生活非常困难。

姜应权决心一定要让山区群众真正脱贫致富。驻村以来，他每周通常只在周末时回一次家，工作忙时，连周末都无法回家，与家人聚少离多。

5 月 18 日早晨，姜应权接到母亲去世的噩耗，他把工作一一交接好，才回家奔丧。

“母亲 80 多岁，身体一直不好，瘫痪在床有 3 年多。去年腊月，母亲因为脑梗塞发作就差点离我而去，或许母亲还有太多的心愿，太想多看看几眼自己的儿孙，坚强地挺了过来。而那时，我刚好被调往民和镇四宝村担任脱贫攻坚驻村工作队队长，正值脱贫攻坚全面冲锋阶段，没能在家照顾母亲。”姜应权回忆道。

虽然老母亲病重，但姜应权仍然坚持在一线指挥调度村里的基础设施建设

如今，四宝村的一条条路变宽了、农户人居环境改善了、村集体经济产业旺了、村民变富了……

不止是肖剑、姜应权，父母病重不能在身边尽孝，亲人故去不能送别，感人的故事还有很多……是他、是她、是他们，用大爱谱写了悲壮的忠孝之歌。

七、幸福泪水

有些故事是编不出来的，有些感动叫以心换心。

德旺乡净河村的第一书记向丽，在驻村的两年时间里，曾经多次落下感动的泪水。

净河村的茗湾和磨槽两组之间有一条断头路，1000 米左右，不在通组路规划内。两个组的群众一直想把这条路修通，多方筹集资金，还差 8000 多元。

向丽了解到这一情况，与村干部商议后，决定由驻村工作队捐款来解决这笔钱。

2017 年 12 月 9 日，听闻驻村工作队要捐钱修路，两组群众早早便烧了

净河村驻村干部们正在捐款

两大盆炭火等着他们。茗湾组组长李世洪从驻村队长手中接过捐款后，他小心翼翼地用双手托着，仿佛捧着的不是一沓钞票，而是一件无比珍贵的传家宝。他用颤抖的双手当着大伙的面把钱数了一遍，然后激动地喊道："9300元，我们的路终于可以修得成了。"刹那间，在场的父老乡亲高兴得手舞足蹈，就像一群开心的孩子。

突然，向丽看见他们像是约好似的，一个个把手放在衣服上搓了又搓，才把那"粗糙"的手伸过来，紧紧地握住工作队队员们的手，久久都不愿放开。

江口县净河村茗湾组组长李世洪激动地接过修路捐赠款

老党员李世华激动地说："国家政策真的是太好了，党和政府帮我们修好了连户路、通组路，现在你们又来给我们捐钱修路，圆了我们老老少少几辈子的梦，你们的恩情我们怕是一辈子都还不了。"

在扶贫队队员准备回村的时候，组长李世洪追上来说，我们算过了，只差8800元，多出的500元捐款还给你们，你们都要养家糊口也不容易……

那一刻，向丽情不自禁地流下了泪水，这是激动的、幸福的泪水，扶贫的真谛不就是干部与群众真心地抱团取暖吗？

男儿有泪不轻弹，只是未到伤心处。

太平镇快场村驻村工作队副队长肖剑动情地说，有一次他生病住院了，院子组村民得知后不顾晚上下着大雨、道路湿滑，全组几乎不落一户，都来他家里看望他，还为他包来了当天院子组全组聚会的几个大菜。

那一刻，肖剑落泪了，那是激动的泪水、幸福的泪水。

第二天，其他村民组不少村民也陆续到诊所来看望他——这是人民群众给一个驻村干部的殊荣！肖剑是一个性格刚强的人，面对群众的厚爱，他却再次流下了热泪……

肖剑说，他会记得一辈子、感动一辈子。

快场村院子组群众包起“大菜”到肖剑家看望他，肖剑感动得流泪

2018 年，江口县顺利通过国务院评估验收，以综合贫困发生率 1.98%、零错退、零漏评、99.05% 的群众认可度整县出列，在贵州省 14 个县（区）中名列第一。

从此，江口县撕掉贫困标签、摘掉贫困帽子，江口人民迈上小康之路，江口县历史翻开新的一页。

产业从小到大，基础设施从落后到完善，村寨从破旧到美丽，干群关系从生疏到和谐……成绩的背后，是全县 897 名干部职工 104 个驻村工作队的努力和付出。辛勤的汗水化作欣慰的泪水，心酸的故事谱写出精彩的乐章。

习近平总书记指出：“每一代人有每一代的长征路，每一代人都要走好自己的长征路。”脱贫攻坚就是我们这一代人要走好的长征路。

04

Chapter

嬗变之美

破茧成蝶要经历痛苦的挣扎和不懈的努力，江口县蜕变的过程也同样经历了困惑、曲折和艰辛。功夫不负有心人，如今的江口已经走出困境，重获新生。

有志者，事竟成。脱贫攻坚的道路一步一步走来，江口县从未懈怠，特别是精准扶贫以来的这几年，全县在集中精力抓好水、电、路、讯、房等基础设施建设的基础上，充分用好土地增减挂钩政策，出台奖励制度，动员群众拆除危旧房、废圈舍、破茅厕，建设小广场、小庭院、小花园、联户路。一条条大路连接千家万户，一渠渠清水流进希望的田野，一栋栋新房鳞次栉比，一户户农家小院干净整洁，一个个产业如雨后春笋，生活环境由过去“脏、乱、差”变成现在的“靓、美、洁”，一个崭新的江口展现在眼前。

一、分红大会

“多亏了党的扶贫好政策，不但帮我们硬化了道路，进行了‘五改一化一维’人居环境改造，发放电视机、电饭锅、床、衣柜等生活必需品，平日里还送米、油等生活用品，而且还让我们拿到了分红款。”胡廷淮经常将他的喜悦分享给大家。

胡廷淮老人是江口县双江街道兴隆社区的一名贫困户。2017 年 12 月底，他领到了这一年的扶贫产业分红，1500 元对其他人而言或许不多，但对于胡廷淮老人来讲，这够他半年的生活费了。提起产业扶贫分红，这位耄耋老人难以掩饰内心的激动，高兴得合不拢嘴。

2017 年 12 月兴隆社区扶贫产业分红，胡廷淮老人与其他贫困户领到分红金后笑得合不拢嘴

2017 年以来，双江街道坚持把扶贫与扶志、扶智相结合，通过扶贫贷款、土地流转等方式带动贫困户脱贫，通过发展生猪代养、肉牛养殖、肉鸽养殖、食用菌种植优化产业发展布局，按照“一村一品、差异发展”的思路，采用“支部 + 合作社 + 贫困户”与“支部 + 公司 + 合作社 + 农户（贫困户）”的模式，建成齐心村年产量 2 万羽的肉鸽养殖基地、磨湾社区年出栏 400 头的肉牛养殖基地、兴隆社区 20 万棒食用菌基地、槐枫村年出栏 3600 头的生猪养殖基地、梭家村占地 20 亩年出池鱼 2 万尾的渔业基地等。通过扶贫资金或“精扶贷”贴息贷款资金入股分红建立利益联结机制，推动村集体经济发展，确保所有贫困户都有产业支撑、有产业增收项目。

兴隆社区立足实际，因地制宜地确定了发展食用菌产业，以 60 户精准扶贫户入股为基础，成立江口县兴隆集体经济种植扶贫专业合作社。通过支部班子和党员示范户带动，实现增收脱贫，有效带动建档立卡贫困户如期脱贫。两年来，兴隆社区每年年底都对扶贫产业进行分红，合作社向贫困户兑

兴隆社区的集体经济食用菌种植场

现当年的分红，为贫困户稳定增收提供了保障，加快了合作社特色产业规模化发展，为社区集体经济发展增强了活力与后劲。

享受到分红喜悦的何止胡廷淮，在江口县，贫困户与产业利益联结享受分红的机制覆盖了每一个乡镇、街道。与兴隆社区举办分红大会相同的时间，在双江街道城郊社区产业分红大会上，贫困户杨政军也有说不尽的感激：“国家的优惠政策我们享受到了，党的关怀我们领悟到了，帮扶干部的真情实意我们感受到了。我们不能全靠政府的扶持，还是要靠自身努力，实现脱贫，真的感谢你们。”

城郊社区脱贫攻坚产业分红大会

城郊社区把产业扶贫当作脱贫攻坚的一项根本举措，积极引导各方面力量参与产业扶贫，不断加大资金投入，流转整合土地，让群众通过流转土地挣租金、入股分红挣红利，实现“一份土地多份收入”。特别是依托“磨湾芹菜坡肉牛养殖基地建设项目”实现“飞地经济”发展模式，与全社区 60 户贫困户 157 人签订利益联结分红协议，实现了贫困户稳定增收。

齐心村肉鸽养殖场

齐心村肉鸽养殖场贫困户利益联结情况

在推动产业发展的过程中，双江街道结合“六个到村到户”“五个一批”“定点帮扶因户施策”等政策措施，采取盘活存量、发展增量、短快有效的产业发展模式助推脱贫攻坚，切实解决好贫困群众“两不愁三保障”等方面的问题，帮助贫困群众实现稳定脱贫。

怒溪镇棉花村贫困户雷动腊领到利益联结分红金时脸上挂满笑容

雷动腊是江口县怒溪镇棉花村人，他也领到了产业利益联结分红金。他与企业签订利益联结机制协议后，除每月的务工收入外，每年还有保底分红。在以前，雷动腊都不敢想象如今这么美好的生活。54岁的雷动腊，因从小腿烧伤导致终生二级残疾，不能从事体力农活，生活没有基本保障，被民政部门确定为五保户。2014年，他又被识别为国家精准扶贫户对象。怒溪镇实施产业利益联结机制后，雷动腊与贵州广丰牧业公司签订长期务工合同，每月工资收入1800元。

贵州广丰牧业公司是2015年江口县人民政府招商引资引进项目，是怒溪镇民心党建+“三社”融合促“三变”+春晖社农村综合改革示范点。厂址位于江口县怒溪镇龙眉村和棉花村，企业计划总投资3000万元，建设标准圈舍8栋，共15000平方米，年出栏肉牛量2000多头，实现年产值4600万元、利润1000余万元。

在怒溪镇，与贫困户产业利益联结分红的有贵州广丰牧业公司、铜仁市怒溪绿色农业开发有限公司、骆象茶叶有限公司、怒溪社区山麻鱼养殖专业合作社等15家企业，产业利益联结贫困户1308户，第一批户均分红1000元，分红资金达1308000元，每年每个企业进行一次建档立卡户利益联结分红，确保精准扶贫户每户有产业覆盖、户户有增收项目。

怒溪镇聚焦产业扶贫的靶心，紧紧围绕帮助贫困群众脱贫这一大核心，采取“企业（公司）+贫困户”“村委会+乡贤+贫困户”“乡村旅游+贫困户”和贫困户抱团发展产业等模式，建成河口村生态肉牛养殖基地、麻阳溪村跑山羊养殖基地、骆家屯冷水鱼养殖基地、怒溪社区生猪代养基地等，采取贫困群众以自身发展脱贫和企业带动脱贫两种脱贫模式，截至2020年，全镇建档立卡户人均可支配收入达到6000元以上。

江口县各乡镇、街道都举办规模不等的贫困户产业利益联结分红大会，营造感恩的良好氛围，更好地激发和调动了全民参与脱贫攻坚、建设美好家园的积极性和主动性。

二、青山金山

为确保农村贫困户有稳定收入，能够稳定脱贫，实现脱贫攻坚“自我造血”的良性循环是关键。必须要做的就是不断夯实优势农业产业发展基础，创新利益联结机制，使企业和农民的利益联结关系更加紧密，构建起一个

林家屯猕猴桃基地节水灌溉技术

“利益共同体”，让贫困户和农户真正定期分红，稳定增收，确保贫困户真脱贫、脱真贫。

依托梵净山水源充沛、光照充足等独特的生态环境，充分利用优质的土壤、适宜的气候等自然条件和区位优势，江口县积极提供组织、资金、技术、销售等方面的保障，全力推进猕猴桃特色产业发展。千方百计筹措资金，不断加强产业发展资金投入。县水务部门为保障猕猴桃产业获得成功，着力打造示范园区节水灌溉技术，帮助实施水肥一体化，既省肥、省工、省水，又确保猕猴桃产量增收。

2014 年，贵州省村华秋实现代生态农业有限公司落户江口县，达成协议实施猕猴桃果品加工厂建设，推行“企业 + 农民专业合作社 + 村级组织 + 基地”模式，贫困群众利用“精扶贷”工程参与入股，企业保障利益红利，发展新型异地产业扶贫模式。龙头企业负责全程技术指导、培训和组织产品加工及销售；村集体负责土地流转、组织劳动力等工作；贫困农户用扶贫资金贴息入股。3 年投产见效后，企业偿还贫困农户股金，按贫困农户分红 60%、企业分红 30%、村集体分红 10% 的比例进行分配。

村华秋实现代生态农业有限公司与贫困户利益联结机制

来自浙江温州的章建军是村华秋实公司的负责人，也是江口县发展猕猴桃产业的带头人，他表示公司将大力发展循环农业、生态农业，形成以规模种植、深度开发、综合加工、出口创汇为一体的产业链，实现猕猴桃产业化裂变式发展的战略目标。深化“公司 + 基地 + 合作社 + 农户”的内涵，积极吸收农户投资合作，促进农户增收；加大“科研开发 + 产业化生产”的力度，不断完善创新经营模式；以发展“三农”经济为主轴，以农民增收为中心，做大做强企业，建立一个适宜当地农户发展的主导支柱产业，带动产业在线升级，解决当地及周边农户的就业问题，带动当地贫困农户靠种植猕猴桃脱贫致富。

村华秋实公司负责人章建军在猕猴桃基地了解猕猴桃生长情况

走进凯德街道凯市村林家屯，映入眼帘的是一片片绿意盎然的猕猴桃种植基地，站在基地观光亭上眺望，眼前蜘蛛网似的铁丝架上嫩绿的一片，猕猴桃挂满枝头。

红心猕猴桃挂满枝头

公司已建成农旅一体化高标准猕猴桃种植示范园3000亩，有机生态园804亩，以“公司＋农户＋基地”为模式已发展2万亩，以“公司＋基地＋合作社＋贫困户”为模式带动周屯易地扶贫搬迁点建档立卡贫困户实现脱贫。通过申请户均量化1万元扶贫资金共517万元，以合作社入股到县投资公司，再由县投资公司投入到村华秋实公司，覆盖凯德街道411户贫困户1275人，年实现分红40余万元，村华秋实公司付群众务工费达上百万元。

章建军说：“我们当初在这里发展猕猴桃，一方面是看中这里的优质水源，能保证水果的品质。另一方面是开阔的地势，能实现大面积连片发展，进而可以发展农旅经济，让游客一边品果一边赏景，充分体验采摘乐趣，同时也能带动当地群众增收。下一步，我们将以‘公司＋基地＋合作社＋农户’的模式，吸引当地农户以土地或资金入股，进一步扩大猕猴桃产业基地规模，由公司负责统一生产管理，农户按其入股比例分红，建立‘风险保障、利益共享’的利益联结机制，带动当地产业发展，实现企业与农户的双赢。”公司还给周边的贫困户提供了劳务用工福利：主要是组

一片绿色的林家屯红心猕猴桃种植基地

织附近民工除草、施肥，每天最少需要 10 多个农民工务工。周边贫困户除了年底分红之外，他们在猕猴桃基地务工的收入也很可观，实现脱贫完全没有问题。

“我今年 60 多岁了，去年在猕猴桃基地除草、施肥，每天都有 60 元的收入，几个月就挣了近 4000 元，还可以照顾孙子读书。”凯德街道凯市村楼里组村民唐兰英算了一笔收入账。如今，村里猕猴桃产业发展起来了，一些留守妇女和老人找到了工作，他们一边照顾孩子一边到基地务工。

凯市村的留守妇女和老人们在猕猴桃基地务工

凯市村林家屯的猕猴桃与漫山青翠融为一体，交映出一幅产业兴农富民的生动图景。同属凯德街道的黑岩村，立足地形地势和土壤结构等实际，选择将烤烟和葡萄产业作为村里的主打产业。该村同样采取“企业 + 农户”的模式，动员群众连续两年稳定种植烤烟800亩，实现年产量25万斤，产值320余万元，带动120多户380多人增收致富。

黑岩村采取“企业+合作社+村集体+农户”的发展模式，先后建立“精准扶贫产业示范基地”两个，发展紫秋葡萄产业800亩，其中天堂组400亩葡萄2019年开始挂果，初步经济效益达30多万元，带动了村集体和32户入股群众“双致富”。

精准扶贫建档立卡户在黑岩村葡萄基地务工

黑岩村湾二组精准扶贫户罗友觉得未来的生活越来越有盼头，他喜欢跟人分享收获的喜悦：“村里发展葡萄产业，我就入了三亩地的股，一年下来除了有1200元的土地租金，我平时还到葡萄基地去打点零工。葡萄挂果了，年底还有分红，这日子真是有盼头了。”

黑岩村脱贫摘帽之后，村里又谋划了新一轮产业“红利”，结合退耕还林政策，动员群众发展金秋梨基地200亩、水蜜桃基地50亩、中药材40亩、花椒50亩、香芋冬瓜60亩，村里已实现每个贫困户至少3个以上产业全覆盖。

农村发展产业，把龙头企业、基地、农户各种生产要素组合好配合好，向规模、品牌、市场要效益，建立科学合理的利益分配格局，不断提高农民的积极性，实现生产效益最大化。

从农业产业发展的规律上看，规模是开拓市场的基础，只有具备一定的规模，才能节约资源、降低成本、提高市场占有率和竞争力。规模化生产是克服小农经济分散性、封闭性、自足性的根本之策。规模上来了，才能实现从量的积累到质变的飞跃。

江口县的绿水青山在产业发展的推动下，一步步实现了量的积累，猕猴桃、葡萄、茶叶……一片片青翠欲滴、绿意盎然，将江口的青山装扮得更青，也使江口的青山变成了“金山”，达到了质的飞跃。

三、家园巨变

绿水青山就是金山银山的生动实践，在江口体现得淋漓尽致。走在江口任何一个乡镇的任何一个村子，水泥硬化路通到了每家每户，晴天鞋不沾灰、雨天鞋不沾泥的生活让江口的百姓切实感受到了新生活的美好。一条条硬化公路将村庄串联起来，路旁就是青山绿水，还有漫山的茶园和点缀房前屋后的菜园，一幅世外桃源般的乡村图景，正吸引着许多在外务工的江口人回归家乡。

过去，江口县的农村，普遍存在“有新房，无新貌”的现象，“鸡巡逻，鸭执勤，猪圈对大门”更是村寨的真实场景。圈厕随处乱建，住宅与禽畜圈舍混杂，村头路尾成了天然垃圾场。日积月累，日晒雨淋，臭气熏天。禽粪随处可见，污水随地横流。“脏、乱、差”的存在，不仅影响了村容村貌，也损害了群众的身体健康。

水、电、路和通信的更新换代使江口现在的农村生活越来越现代化。如今村民都很爱惜生活的地方，知道现在的新生活、新环境来之不易，所以更懂得如何保护自己居住的环境，也更爱护这些山山水水和花草树木。

党的十九大提出的“产业兴旺、生态宜居、乡风文明、治理有效、生活富裕”乡村振兴战略20字方针，也是江口县奋斗的目标和方向。围绕全面改善农村基础设施和发展条件，统筹抓好“路、水、电、讯、寨”等基础设施建设，真正实现路通水洁、电通讯畅、村美寨靓，打好基础设施这场攻坚战，江口县着实下了大力气。

要想富，先修路。2014年以来，江口县累计投入67.79亿元用于大交通建设。已建成的安江高速和正在建设的江大高速公路，使江口融入了国家交

脱贫攻坚期间基础设施改善、农村环境治理后而发生蜕变的美丽新农村

通大动脉和省会贵阳3小时经济圈，实施国省道路、县乡道路、通村公路、通组公路建设，实现村组路网全覆盖。2017年底，江口县实现了100%的乡镇通三级油路、100%的行政村通水泥路、30户以上村民组100%通水泥路。目前全县公路总里程达到3000公里，是2014年的3倍多。

脱贫攻坚期间建成的太平镇梭家村山脚至岑忙村通村公路

脱贫攻坚期间建成的太平镇至怒溪镇沥青路

修路是地处山区的江口县最大的一笔基础设施投入，排第二位的是供水方面。江口县所在的区域属于典型的喀斯特丘陵地貌，土层较薄，地表水易渗漏，加上地形坡度大，雨水流失迅速，水利设施修建相对较难，人畜饮水和农业生产用水都有很大的问题。2014 年以来，江口县下定决心兴修水利，累计投入水利建设资金 15.96 亿元，实施骨干水源、病险水库整治等各类综合水利项目 180 个，建成鱼粮中型水库并向县城供水。其中，整合各类涉农资金 1.22 亿元，实施农村人饮安全巩固提升全覆盖工程，实现 100% 的村民组通自来水，水质达标率 100%。

位于江口县闵孝镇的鱼粮水库

干群一心修建自来水蓄水池

村民喝上了干净的自来水

脱贫攻坚战的号角声声、战鼓隆隆，为高质量地打赢这场战争，江口县不遗余力，累计投入4.1966亿元，大力实施农网升级改造。新建和改造配网线路266条（次），共计131.42千米。新增配变压器644台，户均容量达到3.06千伏安，全县供电可靠性达到99.82%。推进“三网融合”工程，实现光纤宽带乡村全覆盖，移动通信网络村村通，4G网络交叉覆盖率达96%。

农村电网改造升级工程，电力工人正在加紧作业

电力部门的工作人员为贫困户家改电

一幢幢青瓦吊脚楼错落有致，一曲曲土家山歌韵味悠长……这是江口县美丽乡村的真实写照。水、电、路、网都通了之后，江口县建设的步伐也加快了，以“四在农家·美丽乡村”建设为抓手，结合文明村寨创建，建成村级文化广场（含欢乐院坝）286个、村（社区）综合性文化服务中心105个、文化墙680个，如今的乡村村容整洁、乡风文明、社会和谐。同时，大胆探索，改革创新环境治理，建立并在全县推广农村“垃圾兑换超市”，有效破解了乡村卫生治理主体难明确、机制难建立、陋习难改变的“三难”问题。为全面提升村容村貌、人居环境，增强人民群众的幸福感和获得感，江口县大力实施“五改一化一维”工程，投入资金3亿余元，全面实施改水、改电、改厨、改厕、改圈、庭院硬化和房屋维修“五改一化一维”工程，惠及2.9万余户。

脱贫攻坚后，环境美丽、生态宜居的双江街道梭家村

立足天然美、自然美、原始美，加强对自然山水、田园风貌、文化脉络的保护，坚守村寨规划“红线”，耕地保护“黄线”，林地保护“绿线”，水体保护“蓝线”，江口农村面貌焕然一新，村村寨寨山水环绕、山清水秀，家家户户清新亮丽、干净整洁。

净河村位于江口县德旺乡东北部，地处国家级自然保护区梵净山西南麓，距德旺乡政府所在地 3.9 公里，由原小榜、凯土两个小村合并组成。该村下辖 17 个村民组 619 户 2566 人，其中建档立卡贫困户 178 户 638 人，现有贫困户 4 户 5 人。小榜村属二类贫困村，已于 2016 年顺利出列，凯土村属三类贫困村，已于 2017 年出列。已经脱贫摘帽的净河村如今又是什么面貌呢？

脱贫攻坚后，净河村的美丽新面貌

无办公场所、村级阵地，群众会难开、有事无地方办，基层党建薄弱、群众对乡村干部认可度不高，这是过去摆在净河村驻村工作队面前的问题。针对这种情况，净河村驻村工作队、村“两委”协调筹措资金建设好了新村委会办公楼，切实夯实村级阵地建设，使驻村工作队、村“两委”解决了有地做事，群众有地办事。

为切实增加群众收入，净河村围绕“以短养长、以长固短、长短结合”的发展思路，通过冷水鱼养殖、精品水果种植、吊瓜种植、田园综合体项目等的实施，使全村群众年人均增收 2000 元以上。

净河村猕猴桃种植基地

收入增加了，生活的品质也需要提高，人们开始注重人居环境，净河村党员干部为建设美丽乡村立下军令状。为让村民告别“晴天一身灰，雨天一身泥”的历史，实现“龙头一打开，清泉自然来”的愿望，该村因组施策、因户施策，大抓联户路、通组路建设，深入推进人饮工程，按照实际需要实施“五改一化一维”。完成了44423平方米联户路硬化，完成5条12.8公里通组路硬化。完成农村危房改造105户，“五改一化一维”402户，改厕148户，改厨161户，改圈88户，改电142户，改水255户，房前屋后硬化266户，房屋修缮210户。完成老屋场、岩门人饮工程。同时，净河村以村民组为自治单元，全面建立组务委员会，由其做好本组水、电、路等公共设施的监督管理，对破坏公共设施的人员进行处罚，有效保护了本村的公共基础设施。目前，净河村家家户户门前都有了联户路，洞下、董上组更是成为全乡环境变化的典范，净河村已经成为江口县美丽乡村的标志之一。

德旺乡净河村改善后的人居环境

一个地方民风的好坏，也是老百姓生活品质高下的体现。为切实改变农村生活陋习，促进村风民风转变，实现村组自治，净河村每个村民小组均建立组委会，狠抓农村环境卫生整治，明确各组组长负责牵头做好本组环境卫生保护，使农村环境面貌得到极大改善。同时，净河村推行“卫生文明户”“最美家庭”等评选活动，大力整治滥办酒席的陈规陋习。由组委会负责做好环境卫生保护、村风民俗落实的监督管理，实现自治、法治、德治的“三结合”，不断推进乡村治理体系和治理能力现代化。

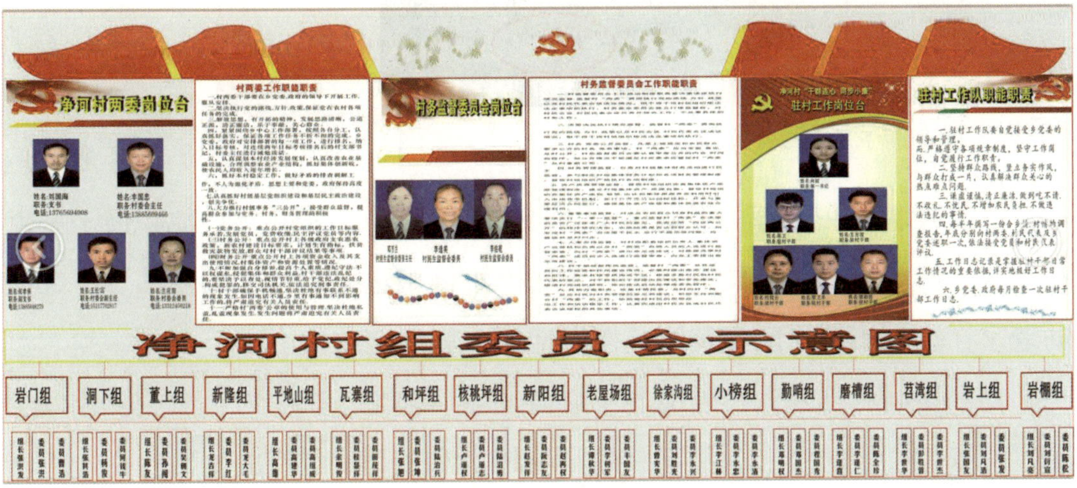

德旺乡净河村“三结合”治理体系示意图

江口县的桃映镇妙石村，是全县最后通硬化公路的深度贫困村，妙石村自有人居住以来，村民的生活方式都是肩挑背驮。地处偏远，海拔又高，以前从妙石村到桃映镇上赶集，需要在崎岖的山道上步行两三个小时，有些年纪大的老人甚至一辈子都没有走出过山村。这里仿佛是一个被世界遗忘的角落。

曾经的妙石村下雨天路面泥泞，越野车都过不了

妙石村里，还出现了一个怪现象——单亲家庭特别多。近20年来，嫁到这里的媳妇生了小孩之后有些会离家出走，然后再不回来，村里几乎看不到青壮年，只剩下老人和小孩。

小楼组刘洪云之子刘水平是一个能吃苦的人，虽然读书不多，但是肯学习技术，在上海从事电梯安装与维修工作，工作几年后他积攒了一点存款。一次老乡聚会，同在上海务工的罗红霞走进了刘水平的生活，罗红霞的老家在铜仁市碧江区坝黄镇，慢慢地两人就约定终身。

刘水平同罗红霞先在外面办了喜酒，然后乘坐十个小时火车、转乘两个小时汽车才到桃映镇上，接下来的路就像刘水平和罗红霞的生活一样，急转直下。步行三个小时后终于来到了被刘水平称之为家的小木板房，怀有身孕的罗红霞到妙石村时天已经黑了，从上海来到如此与世隔绝的地方，她接受不了这个现实。她想连夜就走，要回娘家，经过刘水平父母和邻居劝说才答应住一晚再离开。

第二天一大早，罗红霞挺着肚子来到院坝，她望着眼前的大山和泥泞崎岖的山路感到绝望，在刘水平家那栋风雨飘摇的木屋前大哭起来。她觉得自己是被刘水平骗来的，下定决心要离开这个地方。她到屋里提着行李就走，被刘水平的母亲拦了下来，儿子好不容易娶上的媳妇就要离家出走哪里肯放，老人流着眼泪挽留儿媳。经过村干部和邻里的劝说，罗红霞勉强答应把小孩生下后再出门打工。时间考验着嫁入大山深处的罗红霞，几个月后她顺利地产下一个女孩，坐完月子的罗红霞还是决定要离开这里，趁去镇上买药的机会离开了妙石村，也离开了她的亲生女儿。

2014 年，妙石村来了一支驻村工作队，他们走村串户了解每家的情况，在各个村民组召开大会小会，了解民意并统计百姓想要做什么、想发展什么，提升大家士气，鼓舞大家利用本村资源改变现在的村情村貌，让老百姓富起来。

三年后，成效显著，到 2017 年底，妙石村不再是一个“晴天一身灰、雨天一身泥”的落后村，每家每户焕然一新，组组通公路、户户硬化路，各种物资和产业项目也通过新修的路源源不断地来到了村里。

一次偶然的机会罗红霞得到女儿的电话并加了微信，在视频中看到妙石村的变化，罗红霞不敢相信，女儿住的地方也不是她原来看见的那个家。她问女儿和她爸爸搬到什么地方去了？女儿说：“我家是精准扶贫户，国家政策好，帮助我们翻修了房子，硬化了院坝，房子周围还安装了路灯，厨房、厕所都升级改造了，全家面貌焕然一新。”

脱贫攻坚后，刘水平家发生了天翻地覆的变化

“记得院坝里有一棵柚子树，我看到了才相信。”罗红霞依然不敢相信妙石村的发展变化，女儿把视频对准了柚子树之后，罗红霞才慢慢相信这是真实发生的事情，她要马上回来看看。

2018 年 10 月 20 日，罗红霞回到了妙石村，刘水平看着久别的罗红霞眼泪夺眶而出，“媳妇你回来了！我等你很多年了。现在不走了吧！”罗红霞看了看女儿，也看了看发生翻天覆地变化的妙石村，她点点头说：“我不走了！我们以后好好地生活！”

山更青，水更绿，路更宽，灯更亮，刘水平家门前的路灯每晚准时亮了起来，那一盏盏路灯次第点亮，照亮了妙石村的生活，也照亮了村民的未来。

四、温暖新家

条条道路，像是纽带，连接着党和政府与老百姓的心；盏盏路灯，像是卫兵，守护着百姓的夜晚，带来温暖和光明。江口县精准扶贫、精准脱贫的政策措施给妙石村的刘水平家注入了新的温暖，也温暖了全县的贫困老百姓。

“共产党好！扶贫政策好！让我们过上了祖祖辈辈想都不敢想的好日子！”在张家湾易地搬迁集中安置点，一位 80 多岁的老人正和其他老人说着暖心的话。安置点高耸的大楼，整洁的花圃草地，怡然自得的老人和孩子，跳着广场舞的女人，这一切，不禁让人感慨万千。没有党的好政策，没有脱贫攻坚，何来如此舒适的环境？又何来如此安逸的生活？难怪群众的满意度能够达到 99.05%，这一切都是用心血换来的。

江口县精准聚焦“一方水土养不起一方人”的扶贫难题，探索易地扶贫搬迁“四定法”，破解了“怎么搬”“搬出来怎么办”两大问题，实现了搬迁贫困户搬得出、稳得住、有事做、能致富的目标。

江口县在破解搬迁户的生活保障难题上，以就业岗位来确定搬迁人数。

以保障搬迁贫困群众生产生活为目标，采取以就业岗位定搬迁人数，实现就近务工，增加收入，加快脱贫步伐。组织人员对全县就业岗位进行调研，全面摸清就业岗位底数，精准识别出技术类、管理类、一般类、公益类等现有就业岗位类型及数量，针对因病、因灾、因学和缺资金、缺技术、缺劳力、缺动力“三因四缺”致贫搬迁对象，精准开发合适就业的岗位，建立搬迁户劳动就业帮扶安置台账。按有劳动力搬迁家庭至少1户1人以上就业的标准，综合区域、产业类型、岗位类型等因素，因地制宜，区域性划分确定易地扶贫搬迁人数。以2016年坝盘镇为例，对搬迁点周边的蔬菜、茶叶种植基地和农业发展合作社等进行实地调研后统计，综合协调合作社、产业园、公益性岗位、建筑队等就业岗位158个。据此，搬迁点计划搬迁户最大基数为150户，切实保障有劳动力搬迁家庭“一户一人”以上就业，有效破解了群众搬迁后生活保障难的问题。

坝盘镇定岗定人帮助协调搬迁户在蔬菜基地务工

凯德街道创新探索易地扶贫搬迁“四定法”修建了周屯集中安置点

绘制“一户一岗”信息表，结合搬迁户劳动就业帮扶安置台账，将各类岗位详细信息公布在易地扶贫搬迁服务站，按季度更新相关内容，让搬迁群众及时掌握就业信息，实现了富余劳动力向生产力的有效转变。同时，搬迁群众与安置地居民享有同等教育、医疗卫生、养老保险、失业保险等社会保障政策和各项惠农政策，切实做好搬迁群众社会保险关系的接续工作，按照“应保尽保、按标施保”的原则，将符合条件的搬迁群众纳入最低生活保障范围。仅2016年，江口县就新建集中安置点7个，搬迁安置1174户4688人。提供安置点产业、技术等就业岗位2000余个，签订产业发展协议12份和用工合同1000余份，确保了有劳动力的搬迁家庭“一户一人”以上稳定就业。

以群众意愿“定”搬迁地点，破解“穷窝”难挪问题。坚持群众自愿、思想引导、绝不强迫的原则，注重激发贫困户的“内生动力”，变“要我搬迁”为“我要搬迁”。通过组织镇村干部、驻村工作组进村入户召开“院坝会”“堂屋会”等方式，在宣传易地扶贫搬迁政策的同时，与群众面对面交

周屯易地扶贫搬迁点的居住环境

心谈心，认真聆听群众的疑惑和困难，广泛征集群众的搬迁意愿，坚持问题导向，分类整理出故土难离、缺乏保障、生活习惯等六大类共 60 多条意见。

针对搬迁贫困户没钱搬、没钱装的难题，为帮助贫困户顺利“挪穷窝”，江口县按照差别化补助和奖励政策，落实好国家易地扶贫搬迁政策，按每户 5 人计算，贫困户可获 19.5 万元补助资金，实现了入住零支付。在充分尊重群众意愿的基础上兼顾县乡规划、交通、产业、地理等因素，选定几个搬迁点，集中安置在产业园区、城镇及旅游规划区周边，利用区位优势和发展优势辐射带动贫困户致富。通过召开村民大会，按村民小组评议、村委复议公示、乡级政府复核再公示、县初审、市审批、省抽查确认等 7 个程序步骤确定搬迁地点。并将审核确认的搬迁地点通过电视新闻、门户网站、微视江口、手机报等媒体进行公布，群众可以自主选择搬迁至集镇或县城，打破搬迁的区域性限制。截至目前，根据群众意愿、产业布局、交通区位等因素，实现乡镇易地扶贫搬迁点全覆盖，群众入住满意度达 100%，有效破解了“穷窝”难挪问题。

2017 年，太平镇举办易地移民搬迁抽签仪式，贫困户通过抽签选定自己的安置房

根据搬迁户家庭情况，规划安置房户型的大小和数量，切实做到住房有效供给与群众实际需求相统一。

以“保障基本、安全适用”为原则，结合实际，吃透政策，以户籍人口多少决定户型面积大小，进行精准分配。家庭人口 3 人以下的规划住房面积 60 平方米；家庭人口 4—5 人的规划住房面积 80—100 平方米；家庭人口 5 人以上的规划住房面积 120 平方米。如双江街道在窍湾易地扶贫搬迁点住房面积规划过程中分类统计、综合兼顾、分类规划，严格按照人口数计划面积建设多种户型。截至目前，共建 291 套安置住房，住房面积 24980 平方米，入住 291 户，既解决了“人多房挤”“房多浪费”的问题，又契合了国家住房政策要求。

针对不同搬迁户的家庭情况，科学制定“一户一策”的脱贫措施，有效破解搬迁群众“腰包难鼓”问题。针对缺资金、缺技术、缺劳动力的“三

平寨村贫困户陈代有通过易地扶贫搬迁分到 110 余平方米的安置房

搬迁到周屯集中安置点的贫困户通过入股到红心猕猴桃
发展产业，喜获丰收，脸上洋溢着幸福的笑容

缺”搬迁户，通过引进种植企业到搬迁点周边发展特色果蔬产业，引导搬迁户参与产业发展，制定了每户人均一亩的果蔬种植带动计划。结合政府补助3000元创业资金、贫困户自行贷款30000元以上作为入股或启动资金。针对搬迁户缺资金、缺技术、缺劳动力、有土地的“三缺一有”家庭，群众以“精扶贷”资金入股组建专业合作社，采取“公司+专业合作社+村级组织”模式发展红心猕猴桃、紫秋葡萄等产业。同时，将易地扶贫搬迁户原住地土地流转给园区企业及种养大户，每户平均每年可获得1000—2000元不等的土地租金收入。建立“721”利益联结机制，即收益的70%用于合作社入股群众分红、20%用于公司技术管理及销售保障、10%用于村级组织为产业发展提供服务经费。

双江街道窍湾易地扶贫搬迁集中安置点

针对搬迁户有技术、有劳动力的“两有”家庭，统筹协调就业岗位，推荐搬迁户就近择业，通过对搬迁户进行岗前培训，有效解决搬迁户因出现一定的不适应或其他因素导致不能正常上岗的问题，从而增加群众的工资性收入。例如，凯德街道周屯搬迁点针对156户贫困群众，拟定“一户一策”脱贫措施，精准统计出156户共有劳动力198人，其中88人就近务工，对有技术的35人协调与城区园区企业签订用工合同，对其余家庭妇女、有劳动力的人就近到园区和产业基地打短工，基本保证解决每个家庭1人以上就业安排。

政府也鼓励搬迁户创业促脱贫，那些有资金、有技术、有劳动力的“三有”家庭可以依托农业园区，着力打造特色风情乡村旅游，推荐搬迁户建起乡村客栈和采摘园、兴办休闲农庄和农家乐等形式，做活搬迁点第三产业，努力创造新增就业岗位。加大农村淘宝开店政策与资金扶持力度，鼓励搬迁户兴办中小型网店，通过“电子商务龙头企业 + 合作社 + 搬迁户”模式，搭好“城货进村、山货进城”资源双向流动平台，切实盘活农村市场，带动搬迁贫困户实现脱贫。

张家湾是江口实施易地搬迁的一个集中安置点，共有常住居民 1669 户 7328 人，其中建档立卡户 1552 户 6745 人，整组搬迁 117 户 493 人，分为 A、B 两个区域，居民住房 47 栋 77 个单元，高层电梯房 10 栋 20 个单元，多层步梯房 37 栋 57 个单元。

2017 年江口县针对贫困户家庭人口数量不同的特点，建成了户型大小不一的凯德街道张家湾易地扶贫搬迁点

江口县委、县政府积极落实贵州省委、省政府关于易地扶贫搬迁生计保障和后续发展“五个三”经验，紧扣“搬得出、稳得住、能致富”实施目标，根据本地贫困户分布情况，较好地破解了江口易地扶贫搬迁过程中的一个个难题，开拓出了一条江口易地搬迁发展的新路子。

首先，盘活耕地、林地及宅基地等“三地”，实现双赢。为防止已搬迁群众的土地撂荒或闲置，他们依据本地市场行情积极开展土地流转工作，对一时难以流转的耕地由县内平台公司以最低每亩100元的价格进行统一打包流转经营。流转出的土地主要发展茶叶、猕猴桃、葡萄、中药材等产业，搬迁农户既能获得土地租金，又有一定的土地增值收益，最终实现双重共赢；然后是盘活林地，对有流转价值的林地，由相关的公司按每亩30元的价格进行流转收储，鼓励搬迁群众流转公益林地经营和发展种养业；再者，盘活宅基地，积极兑现搬迁群众旧房拆除复垦后每人3000元的过渡补偿，对复垦的宅基地进行分类确权到户后流转，对不能流转的部分进行退耕还林。

其次，统筹就医、就学和就业“三就”，实现入住致富。一是统筹就医：根据实际情况，在移民安置点设置社区卫生服务站，按标准配备医疗办公场地、科室、医疗设备、医务人员，摸清社区重病及残疾户家庭，建立社区民情台账，掌握重病家庭生产生活情况，宣传、引导社区群众就医去向，建立了一套完善的就医管理系统。二是统筹就学：对幼儿园、小学、初中三个阶段的学生就学情况进行了解统计，学龄前儿童幼儿园就学485人、小学849人、初中368人，已全部入学就读，实现了搬迁户搬迁后子女全部在县城接受优质教育的目标。三是统筹就业：自搬迁以来，加强公益性岗位安置工作，加快转移就业力度，统计搬迁户家庭劳动力数量和在外务工人数，在社区组织大型招聘及技能培训活动，受培训人员2425人次，转移就业人员2384人。做到了“人人有就业岗位，月月有收入来源”，实现了“搬得进、稳得住、能致富”的目标。

再次，衔接低保、医保及养老保险“三保”，实现同保同报。一是抓好

新修建的江口县第四中学就在张家湾易地扶贫搬迁点旁边，有效解决了贫困户子女的上学问题

低保衔接：增加低保补助，将搬迁来的农村低保对象全部转为享有城市最低生活保障对象，属于农村“五保”人员的转为城镇特困人员。二是抓好医保衔接：搬迁群众自主选择参加新型农村合作医疗保险或城镇居民基本医疗保险，实现应保尽保。对建档立卡搬迁的“十二类”参合群众实行政策内费用全兜底。三是抓好养老保险衔接：搬迁群众可自愿选择参加城乡居民养老保险或城镇职工养老保险，织牢低保医保养老安全保障网。

然后，建好经营场所、农耕场所及公共服务场所“三所”，做到顾土思源。一是建好经营性场所：成立物业管理公司，下设门面招租经营、市场监管、不动产经营、服务中心，主导做好和引导搬迁群众后续发展。二是建好农耕场所：在安置点附近流转一定面积的土地，采取统一规划、政府补助的方式，开办微田园、小菜园等农耕场所。三是建好公共服务场所：建设社区服务中心，推行网格化管理，设立便民服务窗口。

搬迁至张家湾易地集中安置点的老人们正在休闲活动室下象棋

最后，用活集体经营机制、社区管理机制及帮扶机制，实施人区互管。一是用活集体经营机制：按照“政府主导、企业化管理、搬迁户自愿参与”的模式建立易地扶贫搬迁耕地、宅基地、林地的经营管理机制，做好搬迁群众迁出地“三地”可利用资源的收储、流转、管理和投资开发利用。二是用活社区管理机制：着眼提升安置点党组织和居民委员会服务群众和管理的能力，按照“党委+党支部+楼长+群众组织”模式完善服务管理工作。三是用活干部帮扶、部门帮扶、社会帮扶机制。

张家湾易地扶贫搬迁点梵瑞社区将搬迁入住的贫困户组织起来，统一开展家政服务培训

搬迁只是手段，脱贫才是目标。

搬迁户来到新的地方之后，安居乐业，政府给了他们一个温暖的家。然而，如何有效帮扶鳏寡、孤独、残疾等弱势群体是脱贫攻坚工作中面临的一大难题。为做到脱贫精准，江口县以敬老院和农村互助幸福院为依托，采取集中供养、互助养老方式，实现农村兜底对象精准脱贫、稳定脱贫、同步小康，有效破解农村兜底对象稳定脱贫难题。

按照应保尽保、托住底线的原则，推进低保和扶贫两项制度有效衔接，稳步提高民政低保保障标准，将农村“两无”贫困人口全部纳入民政兜底保障，切实织牢民生保障安全网。各乡镇、街道根据各村需集中供养人员的数量，投入资金对合并后闲置的村委会和实施“581”工程后闲置的村级小学进行修缮后，改建为村级互助幸福院，按照就近安置原则，对所在村兜底对象进行集中供养。

闵孝镇平寨村将闲置的学校改建成农村互助幸福院，专门集中供养鳏、寡、孤、独者

驻村干部、帮扶干部充分利用除夕、春节、端午、中秋等重要时间节点，组织所在村联建帮扶单位、乡镇干部、村“两委”深入农村互助幸福院开展集体包饺子、包粽子、吃月饼等系列送温暖活动，在充分发扬“敬老爱老”中华传统美德的同时，让集中供养人员充分感受到了党的温暖、干群的关心和社会的关爱。江口县人民医院、县中医院等医疗机构及乡镇、街道卫生院与农村互助幸福院开展结对健康服务帮扶活动，定期到农村互助幸福院开展健康义诊服务，切实保障集中供养人员身体健康。

县中医院到坝盘镇板坡村开展义诊活动，医务人员正为集中供养人员检查身体

目前，江口县已有693人实现了集中供养，通过农村集中供养，既解决了农村困难群体的兜底脱贫保障问题，促进其实现了精准脱贫、稳定脱贫，又有效解决了农村养老服务资金和人员不足的窘境，提高了农村特殊困难群体的生活水平，达到了“老人开心、子女放心、政府省心”的多赢效果。

五、感恩的心

老年人是国家和社会的宝贵财富，正是他们的辛勤创造，才有了如今这么幸福、美好的社会。江口县采取集中供养、互助养老的方式让这里的老人老有所养。

只有经历了人生的冷暖，才更珍惜当下的美好；走过了岁月的风风雨雨，才知道谁是这个世界上最好的人。

德旺乡净河村的第一书记向丽就深切感受到了那种善良。

2017年10月27日，向丽与几个驻村干部去小榜看望一位卧病在床的村民。车子坏在了路上，在等修车的过程中，便到路边的树下捡板栗，刚捡一会儿，板栗树的主人代传芬老人端着一个盆，踉踉跄跄地朝他们走来。

同行的丰主任开玩笑说，老人家可能是来找麻烦的。可没曾想到，80多岁的代传芬老人非但没责怪他们，还专门从家里端来板栗送给他们，嘴里还一直念叨着驻村干部待老百姓如何如何的好。

见扶贫队员不拿，老人家就扯住向丽的口袋硬要往里塞。

想着老人家这一大盆板栗可以卖上百块钱，扶贫队员坚持不肯收，老人家只好作罢，端着板栗无奈地回屋去了。

十几分钟后，几个扶贫队员继续帮着修车，向丽便又走到树下捡起板栗来。捡着捡着，她抬头看见代传芬老人也在路坎上捡板栗。老人家朝着向丽喊叫道："向妹，赶紧过来，这边树下落得好多噢。"

向丽跑过去一看，地上的草丛间到处是板栗。心想，自己运气真好。她连忙弯腰捡了起来，不一会儿，就捡了一大包。不经意间，向丽抬头伸了个懒腰，只见代传芬老人东瞅瞅、西看看，飞快地从前面围腰兜里抓起一大把板栗撒到地上，然后快步走到另一边，又往草丛间撒了一把。

向丽突然明白了。回想起她刚驻村那会儿，因为村子合并，代传芬老人所在的村子并入净河村，她不理解，所以对村干部和扶贫工作队人员都不理不睬。为了摸清每家每户致贫的原因，向丽硬着头皮，天天去代传芬家，最终找准了致贫原因，帮助代传芬家里发展产业，也找门路帮助老人家卖板栗增收。几年时间，向丽以及整个驻村扶贫工作队，终于用他们的辛苦换来了代传芬老人以及村民的满意，赢得了他们的认可。

净河村驻村第一书记向丽与代婆婆之间从昔日生疏变为亲情绵绵

望着草丛间的板栗，向丽控制不住自己，泪水瞬间模糊了眼睛。

净河村的村民待向丽像女儿，她无论走到哪家都能吃上香喷喷的饭菜，喝上热乎乎的茶水，回到村委会就能看见老百姓送来的一面面锦旗，还有那一幕幕亲如家人的场景，她的内心无比温暖！

净河村群众送锦旗感谢驻村帮扶干部

感到温暖的又何止代传芬老人和向丽，在双江街道齐心村有位已经脱贫的贫困户用一首顺口溜唱出了他对扶贫工作队的感激，也唱出了他对国家实行精准扶贫政策的感激。

每字每句都是贫困户的感恩之意，每声每调都唱出脱贫后生活的甜蜜。

他叫黄祖国，双江街道齐心村军屯组人，1964 年出生，由于贫困只读到小学二年级。少年辍学，但黄祖国有一颗上进的心，他坚持自学认识了很多字。造化弄人，因为疾病，他做不得重活，家里一直贫困，他觉得自己一辈子就只能这样穷困潦倒了。

转机出现在国家这场轰轰烈烈的脱贫攻坚战中，扶贫工作队进驻齐心村，扶贫的一桩桩事迹也进入了黄祖国的心里。

双江街道齐心村通过“五改一化一维”，全村面貌焕然一新。在基础设施建设上，硬化联户路通村达寨。小康房错落有致，房前屋后的绿植让人心旷神怡。图书馆、文化广场、篮球场等休闲活动场地设施完备。公共服务上实现了教育、医疗、住房三保障。同时积极发展肉牛养殖、龙虾养殖、精品水果、花卉苗木等产业，确保齐心村贫困户户均 3 个以上产业覆盖，2017 年全村人均纯收入达 9500 多元。

人居环境改善后的齐心村新貌

为了感谢脱贫干部一直以来为村里的付出，村民们邀请脱贫干部吃了一顿团圆饭。当时，黄祖国用一首原创顺口溜感党恩、表心声，也是在那时，这首顺口溜第一次面世。

各位领导听我说，本人姓黄名祖国。
今天不把别的讲，把脱贫攻坚说一说。
要脱贫要致富，感谢政府和帮扶的好干部。
好干部、干部好，天天往农户家里跑。
了解农户的实情，帮助农户早脱贫。
脱了贫要不忘恩，共产党是救星。
…… ……
用电、用水不用愁，农村已安监控头。
用电开开关，用水开开水龙头。
清清泉水哗哗响，吃水不忘共产党。
…… ……

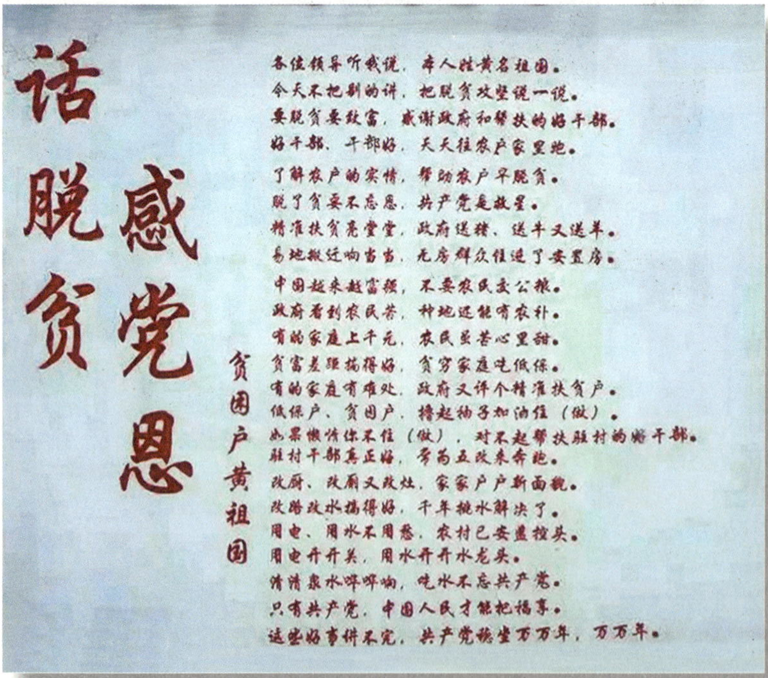

黄祖国自己编撰的的顺口溜

黄祖国告诉大家，他虽然不懂很多的大道理，也没有多少文化，但是谁对老百姓好他是分得清的。他说，再好的亲戚可能都不会像这些扶贫干部这么毫无私心地帮忙，给他送药，帮助他家里摆脱贫困，他用眼睛看，用耳朵听，用心感受，感受这么好的政策，感受这么好的时代。

黄祖国在家门口吟唱顺口溜感恩党的恩情、感恩驻村帮扶干部们

黄祖国编的顺口溜唱出了全村人的心声，唱进了大家心里，正是双江街道齐心村众人脱贫后最想说的话。为此，村民们自发买来油漆，自己设计，将这首顺口溜的内容写在村里的文化墙上，他们要告诉每一个来到齐心村的人，让他们知道齐心村老百姓今天的幸福生活。

05

Chapter

走出江口

齐心村老百姓的新生活汇入了双江街道，双江街道的新生活融进了江口全县，江口县老百姓的新生活就如同从梵净山发源的河流一样，流出江口，流出铜仁，流出贵州，奔腾不息地流淌在祖国辽阔的土地上。江口的故事也仿佛长出了翅膀，飞向远方。

一、走出江口

江口的面貌日新月异，老百姓的日子红红火火，很多外出务工的父老乡亲都陆陆续续回到江口，建设家乡。同时，江口县的主要领导被全国各地的机构邀请出去做经验交流和做典型发言，把江口过去的贫困、江口当下的兴旺和未来的美好讲给大家听，把江口人民那些艰苦卓绝、战天斗地的故事告诉大家，把江口扶贫干部无私奉献、爱洒乡村的精神传播给大家。自从江口县以优异的成绩退出贫困县以来，江口的扶贫干部刘元兴、王天华、蒋志国等人代表江口先后到贵州省黔南州长顺、惠水、荔波等县，黔东南州，山西五寨县交流江口经验。

2018 年 11 月 3 日，县扶贫办主任刘元兴，凯德街道政法委书记、梵瑞社区党委书记蒋志国受邀赴长顺县、惠水县就精准扶贫管理及群众工作法做经验交流。

2018 年 11 月 16 日，县扶贫办党组成员、副主任王天华受邀赴山西省五寨县就脱贫攻坚精准管理及群众工作法做经验交流。

2018年10月25日，贵州省政府常务会专题研究脱贫攻坚工作，江口县委副书记、县长杨云做交流发言，切切实实、原原本本地将江口县在脱贫攻坚中那些好的经验和做法说出来，是江口县历史上第一次在这么高规格会议上介绍经验。

省第十三届人民政府第14次常务会议方案

一、时　间：10月25日（星期四）上午9:00、下午14:30

二、地　点：

省政府3号楼1101会议室

三、主持人：

谌贻琴省长

四、议　题：

认真学习贯彻近日习近平总书记对脱贫攻坚作出的重要指示和李克强总理批示精神，深入落实10月16日省委常委会精神，研究部署我省2018年18个拟退出贫困县脱贫攻坚工作

议　程：

由谌贻琴省长主持

（一）请吴强副省长传达近日习近平总书记对脱贫攻坚作出的重要指示和李克强总理批示精神（5分钟）

（二）省委副秘书长、省扶贫办主任李建汇报2018年18个县贫困退出工作方案，并通报调研发现问题（25分钟）

（三）2017年14个退出县的代表介绍经验（每人8分钟）

1、江口县县长杨云发言（14个退出县中该县群众认可度最高，99.05%）

2、平坝区区长唐友波发言（14个退出县中该区漏评率和错退率均为零）

（四）2018年18个拟退出贫困县围绕"本县脱贫退出工作推进情况、当前存在的困难问题以及下步工作打算"作汇报（务川县、道真县、六枝特区、盘州市、普定县、镇宁县、大方县、石阡县、印江县、丹寨县、麻江县、施秉县、镇远县、三穗县、雷山县、贵定县、惠水县、安龙县，每人8分钟）

（五）各位副省长发言（发言顺序：吴强、魏国楠、郭瑞民、陶长海、王世杰、卢雍政、李再勇，每人5分钟）

（六）谌贻琴省长讲话

2018年10月25日，贵州省政府常务会专题研究脱贫攻坚工作，县委副书记、县长杨云做交流发言。

2018年11月12日，中国浦东干部学院礼堂明亮而庄重，由中组部、国务院扶贫办举办的全国贫困县党政正职领导"学习贯彻习近平新时代中国特色社会主义思想，坚决打好精准脱贫攻坚战"专题研讨班在这里主办。这一天，杨华祥心潮澎湃，作为浦东干部学院对口扶贫县的县委书记，他应邀在这里为学员们做一场专题讲座。是啊，叫他如何不激动，江口那些可歌可泣的扶贫故事，那些可学可用的扶贫经验对他来说如数家珍。《提升脱贫攻坚群众认可度，巩固党的执政基础》是杨华祥书记的专题讲座名称，他将江口县脱贫攻坚工作中的经验做法及成效和盘托出，供研讨班的学员进行交流。

中国浦东干部学院
CHINA EXECUTIVE LEADERSHIP ACADEMY PUDONG

关于邀请杨华祥同志来院授课的函

中共江口县委办：

中国浦东干部学院是中组部管理的中共中央直属事业单位，中共中央政治局委员、中央书记处书记、中组部部长陈希同志任院长。

根据中组部2018年干部培训计划，我院将于11月8日至14日举办"学习贯彻习近平新时代中国特色社会主义思想，坚决打好精准脱贫攻坚战"专题研讨班（第5期），学员对象为全国贫困县党政正职领导同志，学员人数120名。我院诚邀贵县杨华祥书记来院授课，教学安排如下：

1. 授课时间：2018年11月12日（周一）下午14:00—17:00

2. 课程名称：脱贫摘帽县委书记交流摘帽历程和巩固脱贫成果

3. 授课形式：案例介绍（下半场15:30-17:00，讲解1小时30分钟，上半场为另一位县委书记案例分享）

恳请贵办协助安排，并将领导来院时间函告我院（联系人：袁远，电话：021-28289449，13564336622，邮箱：yuanzhu@celap.org.cn，传真：021-50595967）。

衷心感谢您对中国浦东干部学院工作的大力支持！

特函

中国浦东干部学院教学研究部

2018年10月31日

2018年11月12日，江口县委书记杨华祥在中国浦东干部学院为"学习贯彻习近平新时代中国特色社会主义思想，坚决打好精准脱贫攻坚战"全国贫困县党政正职领导专题研讨班（第五期）学员做题为《提升脱贫攻坚群众认可度，巩固党的执政基础》的讲课。

杨华祥说，江口县能够成功减贫摘帽，得益于深入学习贯彻习近平总书记关于扶贫工作的重要论述，得益于贵州省委省政府和铜仁市委市政府的坚强领导，得益于中国浦东干部学院、苏州姑苏区、大连民族大学、贵州省扶贫办等帮扶单位的精准帮扶，得益于江口县广大干部群众的奋力攻坚、主动作为。

2018 年 9 月 19 日，当看到国务院扶贫办反馈的贵州省 2017 年贫困县退出专项评估检查结果，江口以“零漏评、零错退、群众认可度 99.05%”的成绩，位列贵州省第一时，全县上下奔走相告、热血沸腾。

回望脱贫之路，历经千辛万苦。四年多的奋力攻坚，江口县的农村面貌发生了翻天覆地的变化。江口既是片区县，又是国贫县，更是生态县。面对经济实力较弱、基础短板较多、贫困程度较深的状况，全县上下只争朝夕、苦干实干，特别是最后冲刺的一年时间里，完成了 1200 多公里组组通、290 多万平方米联户路、600 多处安全饮水工程、3 万多户“五改一化一维”等基础设施，工程总量比过去 10 年的总和还要多，彻底解决了长期以来部分农村不通路、不通水和“脏乱差”的问题，实现了农村面貌翻天覆地的变化。

全县党员干部深入村组、深入群众，团结一心、用情用力，精准核实信息、推进产业发展、改善基础设施、提升环境面貌。广大党员干部战晴天、斗雨天，放弃双休日、节假日，工作“5+2”“白 + 黑”，风里来、雨里去，舍小家、顾大家，天寒地冻、起早摸黑，用脚步丈量民生，用真情服务基层，走尽千山万水、说尽千言万语、想尽千方百计、吃尽千辛万苦，全县党员干部为脱贫攻坚付出了艰苦的努力。

以前偏远落后的官和乡四渡村如今大变样

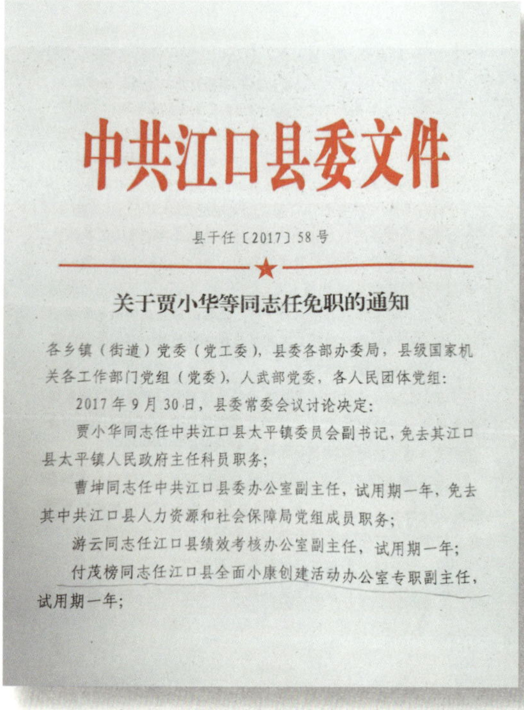

中共江口县委文件

县干任〔2017〕58号

关于贾小华等同志任免职的通知

各乡镇（街道）党委（党工委），县委各部办委局，县级国家机关各工作部门党组（党委），人武部党委，各人民团体党组：

2017年9月30日，县委常委会议讨论决定：

贾小华同志任中共江口县太平镇委员会副书记，免去其江口县太平镇人民政府主任科员职务；

曹坤同志任中共江口县委办公室副主任，试用期一年，免去其中共江口县人力资源和社会保障局党组成员职务；

游云同志任江口县绩效考核办公室副主任，试用期一年；

付茂榜同志任江口县全面小康创建活动办公室专职副主任，试用期一年；

2017年9月平寨村驻村第一书记付茂榜因驻村工作成效显著被组织提拔重用

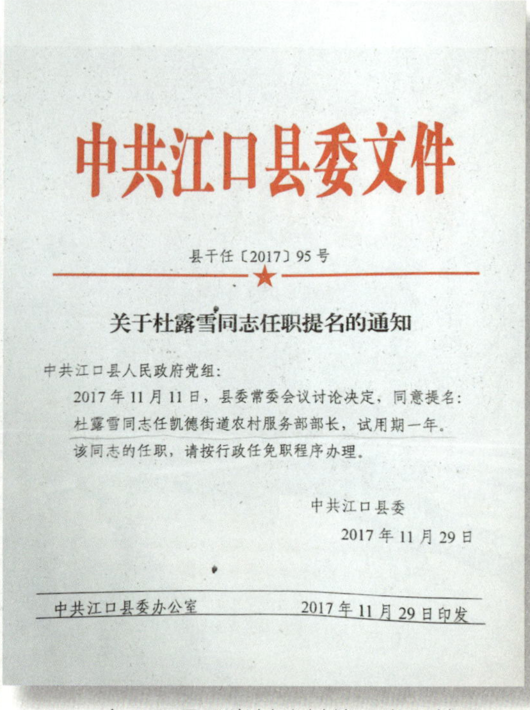

中共江口县委文件

县干任〔2017〕95号

关于杜露雪同志任职提名的通知

中共江口县人民政府党组：

2017年11月11日，县委常委会议讨论决定，同意提名：杜露雪同志任凯德街道农村服务部部长，试用期一年。

该同志的任职，请按行政任免职程序办理。

中共江口县委

2017年11月29日

中共江口县委办公室 2017年11月29日印发

2017年11月黑岩村驻村第一书记杜露雪因驻村工作扎实、能力提升较快被组织提拔为副科级干部

坝梅村群众感谢县委宣传部驻村工作队

四年多的奋力攻坚，江口县的干群关系发生了翻天覆地的变化。围绕精准扶贫、精准脱贫，全县干部职工学政策、结穷亲、常走访、开院坝会、开群众会，宣传习近平新时代中国特色社会主义思想、宣传党的十九大精神，尽心尽力为民办实事、解难事、做好事，解决了一系列农村长期想解决而没有解决的困难，办成了一系列群众最关心、最迫切、多年想办而没有办成的实事。老百姓自发给帮扶干部、驻村工作队、帮扶单位，送锦旗、唱赞歌。通过与群众共同战胜贫困，全县干部群众面对面、心连心、鱼水情深，干群关系发生了巨大变化。

干群连心宴

幸福都是奋斗出来的。三个“翻天覆地”的背后，是一次次汗与泪的洗礼，是一次次压力与动力的碰撞，是一次次亲情与友情的舍去，可也赢得了一次次肯定和荣誉的激励。回望脱贫之路，挑战前所未有。四年前，江口县农村发展欠账多、基础条件差、产业结构单一、经济基础薄弱、群众贫困程度深，全县有贫困村 80 个，建档立卡贫困人口 4.3 万人，贫困发生率为 19.85%。江口曾经是贵州省 14 个拟退出区县中最让人担忧的一个，是铜仁市 4 个拟退出区县中基础最差的一个。面对挑战、面对压力，全县上下没有被困难吓倒。当他们一次次被通报、一次次被批评时，大家没有自暴自弃，而是铆足干劲，化压力为动力，解决了一个又一个问题、战胜了一个又一个困难，最终江口成为群众认可度最高的一个县。这充分说明，越是困难最大的时候，越是需要团结奋进，面对挑战，只要大家坚定信心，一定能够战胜各种风险和困难。

在谈到接下来的工作时，杨华祥说，江口县将继续按照中央的重要指示精神，全面贯彻落实《中共中央、国务院关于打赢脱贫攻坚战三年行动的指导意见》，再接再厉、持续发力，深入推进农村产业发展和创业就业扶贫，

群众送锦旗，感谢县委、县政府

积极探索建立防贫监测预警保障机制，继续巩固脱贫攻坚成果，开启乡村振兴新征程，确保已脱贫人口稳定脱贫、未脱贫人口按期脱贫，从源头上阻止致贫。

杨华祥用PPT演示的方式，深入浅出、生动翔实地介绍了江口县在脱贫攻坚战中做好顶层设计、提升群众认可度等方面的经验和做法。参加培训的学员们时而侧耳聆听，时而埋头做笔记，不断发言提问，积极互动。学员们认为江口县脱贫攻坚顶层设计理念超前、群众工作法效果良好，具有很强的可复制性。

打赢了这场输不起的脱贫攻坚战，江口人民流过汗、流过泪，更流过血，涌现出了无数攻坚英雄和先进事迹。岁月不居，时节如流，他们无愧于历史，也无愧于未来。

扫描二维码可观看江口县脱贫攻坚表彰大会纪实片

扫描二维码可观看江口县歌颂扶贫干部的原创歌曲《喊一声扶贫干部》

二、江口名片

梵净山是江口的名片，用鬼斧神工的风光和底蕴厚重的人文吸引了世界各地的游客。近年来，江口因为脱贫攻坚的显著成效也吸引了全国各地的考察团来考察学习，脱贫攻坚的经验也成为江口的新名片。

2018 年 4 月 13 日，为学习脱贫攻坚工作和国务院第三方评估等方面的先进经验，印江县峨岭街道全体班子成员、驻村干部和部分村支部书记共 30 余人到江口县考察学习脱贫攻坚工作。考察团一行走进太平镇快场村，实地考察该村项目实施、产业扶贫等方面的工作情况。

2018 年 11 月 7 日，黄平县党政考察团一行 35 人到江口县考察学习脱贫攻坚工作。考察团先后到江口县德旺乡净河村考察农村人居环境、危房改造、产业结构调整工作情况，并对凯德街道易地扶贫搬迁和后续服务工作进

黄平县党政代表团到江口县考察学习

行了考察学习。通过实地察看、听取汇报等形式，详细了解江口县脱贫攻坚工作开展情况及脱贫实效。

2018 年 11 月 16 日，为拓展干部思路，扎实推进脱贫攻坚工作，思南县委离退局组织单位全体派出驻村干部、帮扶干部、杨家坳镇川塘村驻村工作队、村“两委”干部一行 20 余人到江口县学习脱贫攻坚工作的先进经验和做法。

2018 年 12 月 3—5 日，为学习借鉴江口县在脱贫攻坚工作中的好经验和好做法，助推独山在 2019 年顺利实现“减贫摘帽”，独山县党政考察团到江口县考察学习脱贫攻坚工作的先进经验。

独山县党政代表团到江口县考察学习

2018年12月26日，铜仁市万山区扶贫办与区委党校联合举办的致富带头人培训班学员到江口县参观学习。培训班一行首先来到闵孝镇鱼良溪村，全国劳动模范杨再炼对该村实施的“党小组+春晖社+贫困户”扶贫模式进行介绍，并就参观人员提出的一些疑难问题进行仔细解答。培训班一行到了江口县凯德小龙塘冷水鱼养殖基地参观，相关负责人对中华鲟的养殖规模、特点、要求，进行了面对面的讲解，大家观摩了中华鲟从繁殖、成长到商品鱼的整个流程。

2018年12月27日，广西壮族自治区龙州县考察团到江口县考察脱贫攻坚工作。考察团先后前往凯德街道黑岩村、县脱贫攻坚纪实馆、梵瑞社区易地扶贫搬迁点进行实地考察。每到一处，考察组成员都认真听取介绍、仔细察看、详细询问，认真考察学习江口县在农村基础建设、产业扶贫工作体系、脱贫攻坚精准管理工作中的先进经验和做法。

2019年1月24—25日，安顺市关岭县党政代表考察团一行到江口县考察学习脱贫攻坚工作。在经验交流座谈会上，考察团一行观看了《江口县脱贫攻坚》宣传片，县督查、扶贫、教育、住建、就业、农业等多个县直部门及凯德街道负责人结合工作实际，分别就各自领域脱贫攻坚工作的经验和方法向考察团一行做了详细介绍。

关岭县党政代表考察团到江口县考察学习

2019年4月16日，罗甸县党政考察团到江口县、贵定县考察学习两县在脱贫攻坚方面的经验和做法。罗甸县党政代表考察团先后到江口县凯德街道黑岩村、江口县脱贫攻坚纪实馆、德旺乡净河村，贵定县新巴镇乐邦村、幸福村、新华村沙坡寨等地，通过现场观摩、听取介绍、查阅资料、入户走访等方式，详细了解了两县在脱贫攻坚工作中的先进经验和成功做法。

罗甸县党政代表考察团到江口县考察学习

河北省武强县党政代表考察团到江口县考察学习

江口县脱贫攻坚的这张新名片越来越响亮，不断有贵州省内或者省外的考察团来这里学习经验。考察团深入到各个乡镇、街道，走村入户，大家对江口县的脱贫攻坚工作给予了高度赞赏。江口县脱贫攻坚工作思路清晰、措施得力、成效显著、独具特色，“江口经验”也通过不同的考察团传播得更远，江口县的故事也赢得了无数鲜花和掌声！

06

Chapter

永不懈怠

曾几何时，守着青山无出路，守着碧水无水喝，是江口人民的真实写照。

一个“守”字，道出了个中的辛酸与无奈。一个“守”字，也反映出过去人们思想上的愚昧保守与因循守旧。虽道是山清水秀，但“守”着贫困过日子，还是十分的窘困和艰难。

脱贫了，摘帽了，扬眉吐气了！

江口人民在思考、在探索，新一个“守”出现了，以守为攻，该如何巩固脱贫攻坚的成果？如何防止致贫返贫？如何缩小城乡差距？

一、任重道远

奇山秀水，风光旖旎，这是大自然对江口的恩赐。

同在江口的怀抱，这里的人们有着同样的梦想——安居乐业、幸福美满。可偏偏有人达不到，甚至有人长期在贫困线上挣扎。眼下虽然脱贫了，可贫富差距依然很大。城乡收入差距似乎成了一道难以逾越的鸿沟。

脱贫攻坚取得了决定性胜利，其最终目标还是要让广大农民富起来。

习近平总书记指出：“消除贫困、改善民生、逐步实现共同富裕，是社会主义的本质要求，是我们党的重要使命。”

缩小城乡收入差距，给予农民更多的物质利益保障，一直是党和政府的重点工作。目前的现实是城乡收入比超过3∶1，农民社会保障远不如市民，农民纯粹靠农业增收难度较大。严峻的形势下，如何缩小城乡收入差距？破题的要点在哪里？

江口县总人口24万多，其中农业人口21万多，少数民族人口占

60.84%。首要工作是巩固脱贫攻坚成果，让脱贫户不返贫。但是，缩小城乡收入差距，可没有那么简单。

俗话说得好：打江山容易，守江山难。难就难在涉及面广，情况复杂。城乡之间的二元结构，让农村在收入增长的竞争中仍然处于弱势地位。

2019 年 5 月 23 日，江口县委、县政府召开脱贫攻坚巩固提升工作推进会，对如何抓好脱贫攻坚、巩固提升工作做安排部署

加快农村发展，要紧紧扭住发展现代农业、增加农民收入、建设社会主义新农村三大任务。增加农民收入，基础是政策。在农民原来享有承包权的基础上，实行农民土地承包权和经营权分置，形成所有权、承包权、经营权三权分置，让农村土地流转起来，从“两权分离”到“三权分置”，这是新时代的要求，也是未来影响我国农业发展的重要一步，是农村改革的又一次

重大创新。

“要构建长效政策机制，通过发展农村经济、组织农民外出务工经商、增加农民财产性收入等多种途径，不断缩小城乡居民收入差距，让广大农民尽快富裕起来。”城乡差距难以有效地缩小，农业的自然恶化，农村财产由于产权界定模糊不能给农民带来财富是主要原因。除了大都市郊区及珠三角、长三角等部分地区的村庄拥有集体资产，大部分农村地区的集体资产就是土地，但由于农民的这部分资产的产权不清，难以进入流通和周转。

重农固本，是安民之基；改革开放，是富强之路。

稳定是发展的前提，针对农村地域辽阔、农民居住分散、乡情千差万别的实际，农村社会管理需要加强和创新，而这要以保障和改善民生为优先方向。

缩小城乡收入差距是一个较为长期的过程。农村的治理离不开党的领导，管好农村，既需要各级领导干部在岗有责，也需要基层党组织形成战斗堡垒，共同发挥好团结带领作用，把党的富民政策落实好。

冰冻三尺非一日之寒，缩小城乡收入差距也不是一朝一夕就可以完成的。

有专家提出，小步走、慢慢来、稳扎稳打才是可行之道。江口的经验告诉我们，缩小城乡收入差距，只能是攻坚克难、稳扎稳打、小步快跑、遍地开花。

二、黔馨家园

“村看村、户看户、村民看的是干部”。毋容置疑，农民是现实主义者。说一千道一万，不如一个现实的例证。

“能人治村”是乡村振兴的一剂良药。杨再炼就是这样一位能人，不仅在江口出名，而且在全国闻名，他是脱贫攻坚中涌现出来的全国劳模。

杨再炼作为鱼良溪村的“当家人”，带领村“两委”干部拧成一股绳，

把这个“家”操持得红红火火。

“黔馨家园”就是他的家中“家”。村民们从他的实际行动中，看到了机遇，看到了希望，走上了共同富裕的道路。

江口县闵孝镇鱼良溪村位于江口县西侧 18 公里，距闵孝镇集镇 1.8 公里，距杭瑞高速闵孝匝道口 8 公里，303 省道、305 省道穿境而过，全村面积 33 平方公里，有耕地 2885 亩。由原边江村、广寨村和阴溪村合并而成，全村辖 19 个村民组，是一个非贫困村，共有 1082 户 4588 人，有残疾人 116 人。

残疾人是社会弱势群体，他们中一部分人没有工作能力和生活自理能力，是致贫返贫最敏感最脆弱的群体。

闵孝镇鱼良溪村“黔馨家园”残疾人集中供养基地

残疾人的生存之困成为各级政府需要解决的难题。

杨再炼十分关心全村重度残疾人。他心中有一个梦想，就是想建一个残疾人托养中心。他带领全村人，一起去追梦。

杨再炼带领村“两委”筹资修建了“黔馨家园”。2016年10月，江口县闵孝镇鱼良溪村残疾人“黔馨家园”建成，这是铜仁市第一家村级残疾人集中托养场所。村“两委”将23名患有重度残疾的村民接到这里，采取集中食宿、集中托养、集中培训、集中劳动的方式进行安置，让全镇23名残疾人有了一个“新家”。

这是一个专门为重度残疾人提供生活、娱乐、劳动、康复的村级公益平台，一个让残疾人拥有与正常人一样的生活环境，一个没有歧视、没有贫贱，有了尊严、有了保障的幸福、和谐、团结、温馨家园。

按照贵州省残联《关于开展创建“黔馨家园”社区残疾人日间照料示范点的活动方案》要求，“黔馨家园”以鱼良溪村为主，建成了为全镇和全县其他乡镇残疾人提供生活照料和护理、生活自理能力训练、社会适应能力辅导、职业康复和劳动技能训练、运动功能训练等服务的照料体系。服务对象为已办理第二代残疾证的智力残疾人、精神残疾人和重度残疾人。

目前“黔馨家园”已建有护理保健室、文体活动室、康复室、心理咨询室、劳动（生产）场所、食堂、宿舍及洗浴室，场地内具备基本的无障碍设施设备。鱼良溪村“黔馨家园”核心区占地 7 亩，有农用基地 7 个，各类训练（辅导）房、宿舍 18 间，服务残疾人 23 人、空巢老人 1 人、留守儿童 2 人，日间照料托养 7 人（其中精神残疾人 1 人、智力残疾人 2 人、重度残疾人 4 人）。

一排整齐干净的残疾人宿舍

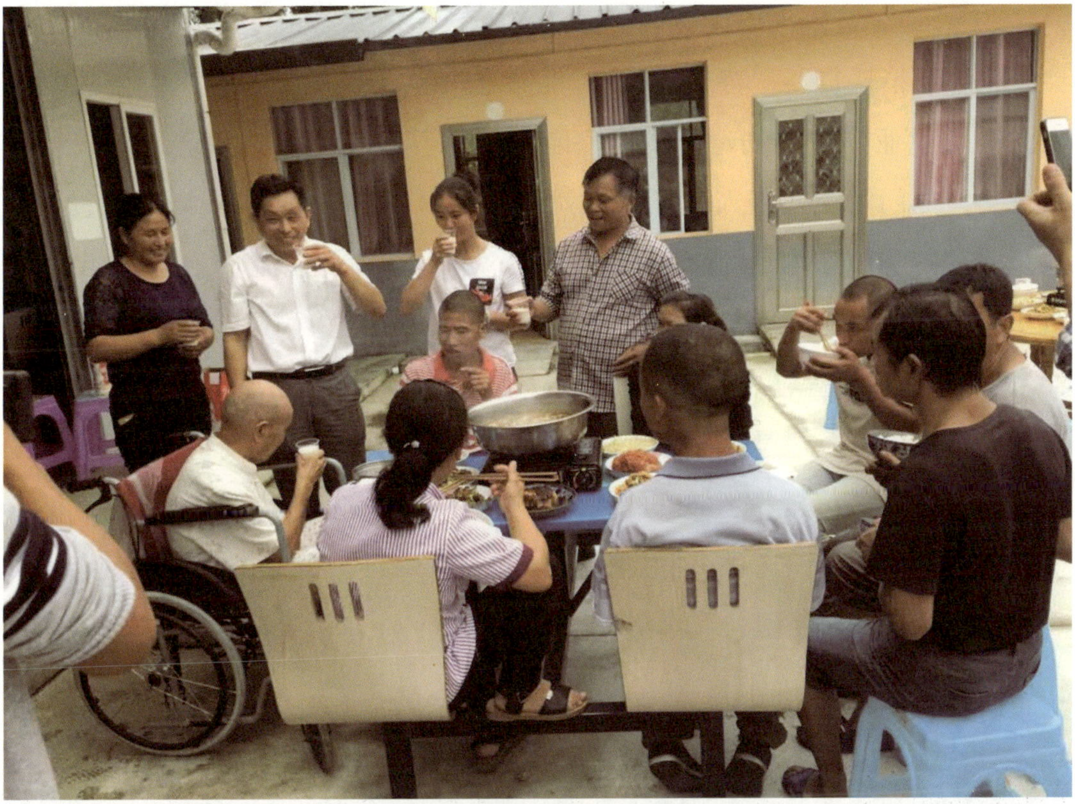

为阳国喜老人过生日

杨再炼带头充分发挥村级党组织先锋模范作用，村“两委”6人24小时轮流值班，像亲人一样照看他们的生活、指导他们劳动、疏导他们的心理和帮助他们康复治疗，最重要的是化解他们之间的矛盾，防止他们走失，保障他们的安全。让他们感受党委、政府的温暖，提升他们的获得感和幸福感。

70岁出头的阳国喜老人5岁失明，23岁时父母双亡，只有相依为命的弟弟一直照顾着他，但弟弟在4年前不幸去世。如今，阳国喜老人患有偏瘫。为驱散老人心理上的阴影，让他树立生活信心，“黔馨家园”安排了一个残疾人晚上照顾老人，白天杨再炼有空就推着老人在“黔馨家园”的操场上散步，并做老人的心理疏导，还为他举办生日宴，让他愉快地生活、安享晚年。

“不让一个贫困人口掉队。”

整合“精扶贷”、“特惠贷”、村集体收入等资金入股“黔馨家园”，为残疾人开辟就业岗位。创建“黔馨家园”生态养殖基地，规模养殖江口特产萝卜猪，专门解决残疾人、五保户就业。2018年，全村16户残疾人贫困户共投入“特惠贷”47万元，入股“黔馨家园”。目前，流转土地30亩，建成一个钓鱼池；建成一个生态萝卜猪养殖场，年出栏萝卜猪约200头；建成80亩红心猕猴桃基地；建成一个免费理发店，为持证残疾人和全村60岁以上老人免费理发；建设一幢集旅游接待和干部培训基地于一体的鱼粮休闲大酒店，其中，一幢三楼一底的住宿宾馆主体基本完工。如今，23位重度残疾人不但免费吃住，还被分配到村开办的农家乐、钓鱼池、免费理发店、村委会农经网、红心猕猴桃基地等岗位做工。

闵孝镇鱼良溪村贫困户残疾人集体经济萝卜猪养殖基地

结合23个残疾人的年龄、身体状况等特征，适量分配其力所能及的劳动：能扫地的扫地、能看鱼塘的看鱼塘、能喂猪的喂猪、能煮饭的煮饭。按照劳动能力及工作量发放工资800—1500元不等，坚决不养懒惰和偷奸耍滑的人，帮助他们树立正确的人生观和价值观。

杨刚祥正在养猪场搅拌饲料

聋哑人杨刚祥，在“黔馨家园”被安排到生态猪养殖场负责喂猪、打扫圈舍卫生，每月有900元的收入。一个曾经被亲人视为负担的聋哑人，如今存款已过万元。

身高只有1.15米的姚金花，连切菜都要站在板凳上，她跟丈夫自从到“黔馨家园”后，两口子除了一日三餐有保障、居有定所、衣食无忧外，每人每月还有800元的工资。姚金花脸上洋溢着笑容说：“我们现在生活得很好，我们已经很满足了。”

姚金花在集体经济酒店务工

脱贫后返贫，是一个不容忽视的问题，其根源在于贫困人口自身的脆弱性。

做好致贫返贫的风险预警，其实是对返贫现象的一种事前干预，其目的是有效地收集、处理贫困户和已脱贫户生活变动、生活质量下降的信息，在此基础上对脱贫户进行动态监测，根据致贫原因及劳动能力情况对贫困户进行分类细化，针对不同的致贫返贫风险制定不同的帮扶措施，能更直接、更精准地解决困难群众贫困的根本，这对于巩固脱贫成果、增强贫困户造血能力、防止脱贫后返贫是十分重要的。

如何有效帮扶鳏寡、孤独、残疾等弱势群体是脱贫攻坚工作中面临的一大难题。为做到脱贫精准，江口县以敬老院和农村互助幸福院为依托，采取集中供养、互助养老方式，实现农村兜底对象精准脱贫、稳定脱贫、同步小康，有效破解了农村兜底对象稳定脱贫难题。

闵孝镇平寨村驻村工作队队员给互助幸福院供养人员过生日

对个体而言，激活其内生动力是破解困局的关键。

江口县太平镇快场村，位于梵净山景区，如同人间仙境。

快场村的张松，因童年的不幸落下终身残疾，个头矮小，背上驮起一座“山峰”。张松的学历其实不算低，中专畜牧专业毕业，学过兽医，就想从事这份工作，但是由于身高和体力方面的原因，几次求职都被拒之门外，自主创业又遭受失败。张松陷入了迷茫也产生了消极情绪，一度对生活失去信心。

2015 年，张松被纳入太平镇快场村建档立卡贫困户。

快场村驻村第一书记张新华走进了张松的生活，了解到张松的境遇，与他交心谈心，积极帮他谋划产业发展，寻找脱贫门路。

张新华发觉张松有文化，农村淘宝是一个空缺，就让张松开个淘宝店；快场的森林覆盖率高，山上的野花多，适合养蜂，张新华便把自己养蜂的经验传授给他，引导他养蜂，还介绍他去学习家电维修，让他掌握一技之长。

张松得到了镇、村和驻村工作队的鼓励和帮扶，重拾生活信心。张松说，通过张书记和村“两委”的帮助，他现在拥有自己的淘宝店铺、家电维修店，还养了二三十桶蜂，现在一年有几万元的收入。2016 年，张松就摘掉了贫困户的帽子。

张松还带动几户贫困户，依靠党的惠民政策，在脱贫致富路上勇往前行。他成了不等不靠、自强不息的励志典型。2017 年 12 月，他被评为全省脱贫攻坚先进个人。

脱贫以后不再返贫才是真脱贫。

三、杨柳依依

扶贫是一场攻坚战，更是一场持久战。巩固脱贫成果，实现乡村振兴，江口正在阔步前行！农业是国民经济的基础，实现农业的可持续发展，是建设社会主义新农村必须认真研究和解决的一个重要战略问题。

既要发展，又要生态。发展和生态关乎人类的福祉，如何实现二者之间的协调统一，发展绿色产业，是当下整个国际社会的普遍共识。社会的进步对经济发展提出了新要求，绿色产业的发展需依托市场需求，不断创新和调整，实现可持续发展。

怒溪镇骆象村，位于怒溪镇东南部，由原骆象村和坪所村合并而成，属于一类贫困村，距乡镇集镇 12 公里，距江口县城 34 公里，全村面积 22.7 平方公里，其中耕地面积 3890 亩、林地面积 19000 亩、荒山 18630 亩。全村辖 24 个村民组共 1123 户 4796 人，建档立卡户 274 户 1007 人。2019 年，建档立卡贫困户已实现全部脱贫。

组织有活力，发展才有动力。骆象村以“民心党建 +”为抓手，积极探索建立每个能人和 5 户贫困户组成 1 个“互助组”抱团发展 1 个产业的“511”抱团、“户抱团 + 村抱团”的“双抱团”发展路径，创建“五同八联”（党群同心、干群同做、生产同抓、技能同学、能人同干，支部联手、项目联建、产业联片、销售联动、环境联治、生态联护、治安联防、穷根联拔）机制，建成茶叶党小组、蔬菜党小组、畜牧养殖党小组、易地扶贫搬迁党小组，各个党小组紧扣产业发展、脱贫攻坚、乡村振兴的靶心，推行“兵团式”作战方式。

骆象村精准画好“以企业带动农村经济飞跃、以农村支持企业生产发展”的村企合一、共建共享的发展路子，还探索了“帮协调、促落地、带就业，帮困难、促扩产、带增收，帮教育、促管理、带队伍，帮技术、促增效、带销售”的四帮四促四带“444”做法，走出组织共建、活动齐抓、困难互帮、资源共享、村企互利的共建路子。截至目前，企业到集体经济开展技术指导 50 次，代销茶叶 4000 余斤，提供就业岗位 600 个。

骆象村的集体经济生态茶产业园

火车跑得快，全靠车头带。骆象村党员带头注册专业合作社 15 家，发展茶产业 4800 亩、蔬菜 300 亩、养猪 800 头、经果林 860 亩、中药材 50 亩。涌现出贵州省第一个主动申请脱贫退出户阙洋柳、第一个五保户创业带富人王兴贵、铜仁市第一个主动退出低保户张群保等。截至目前，带动周边发展产业 150 户（其中贫困户 25 户，发展茶业 800 亩），人均增收 6500 元以上。

骆象村立足实际，积极探索乡村道路 5 个“一”管理模式（即：产业大户赞助一点，群众投工投劳投入一点，财政资金补助一点，集体经济挤出一点，联建单位帮扶一点），筹集道路管护资金，用于修复受损路面，挖除塌方边坡，清扫路面砂石。

采取“菜单式”教学方式，让村民“点菜”，讲师“下厨”。农民缺什么补什么、不懂什么教什么，真正做到引得来、留得住、学得进、能适用、能致富，切实发挥新时代农民讲习所培养有文化、懂技术、明法理的新型农民的“孵化器”作用。按需求“接单”，讲习所根据当地农业加工企业的需求精准“接单”，精准下“订单”。截至目前，定点培训500余人次，集中培训20000余人次，增加就业岗位1500余个。

骆象村举行新时代农民讲习所开班仪式

从昔日“嫁人莫嫁骆象郎，五黄六月断了粮；春吃苞谷秋吃苕，合作医疗靠低保”和“吃粮靠救济，穿衣靠救助，用钱靠贷款”的“三靠村”变成了远近闻名的“产业村”“小康村”，实现了“丑小鸭”向“白天鹅”的华丽转身。实现了基础设施大变样、人居环境大改善、干群关系大融洽、群众幸福感大提升，为乡村振兴奠定了坚实的基础。

杨柳依依，山川秀美。

德旺乡杨柳村，面积只有22平方公里，耕地只有2800多亩，基本上是坡地，产业迟迟发展不起来。

杨柳村村委会副主任邓补成说：“我们村就是靠乡里面的政法委书记，他作为脱贫工作队队长带领我们想办法，先出去考察，回来再研判。”

杨柳村有个技术人员叫李新成，租了净河村的地方搞养殖，干了十来年，规模一直很小。村上动员他先回来，用技术入股，创办养殖基地。

杨柳村杨胜文书记、梅宏海主任、邓补成副主任带着李新成去南宁、云南、河南考察养殖基地，觉得做养殖场是有前途的。回来向乡里和扶贫办申报项目，县农牧科技局帮助选点，搞土地流转，劳力用杨柳村的贫困户，其他技术人才到外面请。2017 年 3 月正式启动，进设备没有钱，他们就召集贫困户搞特惠贷，17 户贷了 78 万元。9 月，设备全部安好了，第一批鸡一万多只就上笼了。2018 年 1 月，第一批蛋就产出来了，接着又上第二批鸡，6 月又下蛋了，又上第三批鸡，连续 4 万只全部上齐。现在一天产出至少 31000 个蛋，一个蛋利润两毛钱，一天利润 6000 多元。

杨柳村养鸡产业发展兴旺

邓补成说："紧接着，我们抓环保这一关。设备浪费得太多了，第一批10万浪费了，第二批20多万又浪费了，第三批40多万成功了。没钱怎么办？我们想办法贷款，村委几个人贷了100万，现在还欠了80多万，预计两年能全部还完。"

接下来就是分红了，六成是贫困户的，三成是合作社的，还有一成是村集体的。村委会做了分工，邓补成副主任负责跑市场，梅主任负责整体管理，杨支书负责经济收入监督把关，有专门的财务，17户贫困户全部参与务工，工资1700元到3000元不等。

怒溪镇扶贫产业利益联结分红大会

杨柳村没有路、没有基础设施、没有产业、没有资源，一切从零开始。他们是摸着石头过河，坚持下来，大车去不了用小车，小车去不了用三轮车，三轮车去不了用马驮。扶贫队给老百姓修路的时候，百姓抱着工作队员哭了起来。

脱贫攻坚后的杨柳村

失败得多，经验就多；经验多了，成功也就来了。

杨柳村脱贫攻坚，大力发展养殖业，闯出了一条新路子，老百姓认可度达到 99% 以上。

四、漫天繁星

比贫困和落后更可怕的是贫困代际传递。

贫困代际传递是指导致贫困的相关条件和因素，由父母传递给子女，使子女在成年后重复父母际遇的一种恶性循环。

再穷不能穷教育，再苦不能苦孩子。少年儿童是祖国的花朵，是民族的希望，未来的中国，掌握在他们手中。加大教育扶贫力度，帮助贫困家庭的孩子成人成才，有效斩断贫困代际传递，这已经成为江口人民的共识。

有一位80多岁的老党员、老教育工作者杨育超，17岁从湖南冷水江只身来到江口，在民和乡教书育人几十年，将大半生都贡献给了民和教育事业。退休后，他回到老家颐养天年。脱贫攻坚关键期，应儿子的邀请，他千里迢迢从湖南来到民和镇韭菜村、艾坪村，与他的农民学生交心谈心。在这之前，有些人争着当贫困户，听了杨老师的话后羞愧难当，他们的心结打开了，心情舒畅了，满意度提升了。有人责怪他的儿子怎么忍心让老人受累，杨老师说："党需要我，儿子的工作需要我，再苦再累也甘心！"

杨育超的儿子杨爱军是江口县教育局局长。

杨爱军激动地说："教育是阻断穷根的治本之策，我们深知责任重大。在全县脱贫攻坚战三步走战役如火如荼推进之时，我们教育工作者没有忘记，学校才是我们扶贫的主阵地，孩子才是我们扶贫的主体对象，教育教学质量始终是全县24万群众检验教育系统扶贫成效的成绩单。不谋全局者无以谋一隅，为此，我们不仅将精准帮扶的300多户父老乡亲焐在手里，更将全县40000多名学生装在心里。"

在驻村前的一次专题部署会上，杨爱军对校园长、站长及留守在单位的同志们说："接下来的半年左右时间，拜托大家看好家、看好孩子们，前方驻村全力攻坚，后方教学合力提质，共同呵护好来之不易的江口教育成果。"

脱贫攻坚战，民和镇韭菜村是教育局的主战场，艾坪、洪坪、军屯、何

2017 年 11 月，江口县教育局局长杨爱军在驻村帮扶动员会上安排工作

坝是分战场，还有坝盘、怒溪、德旺等乡镇的村组也纳入了一线教师帮扶的范畴。

全县教育系统数百人每天奔走在贫困村、贫困户的田间地头和房前屋后，招商引资、投钱捐物、引水筑路、走访慰问、树规立约、移风易俗，扛起锄头种庄稼、拿起扫把搞卫生、走进厨房办生活、响起音乐教舞蹈，一罐老茶拉家常、一碗苕酒话知交、一坑旺火聚真情、一块院坝绘蓝图。一个个感人故事、一个个动人场景奏响了脱贫攻坚的交响乐。

教育局驻村干部刘明帮助贫困户硬化院坝

“有困难，找炳元。”这是韭菜村群众的口头禅。

陈炳元，县教育局干部，主动请缨担任韭菜村第一书记。他吃住在村组，亲近了群众，冷落了家人，忽略了身体。白天他走村串户解决群众困难，夜晚陪伴他的只有电脑和资料。由于长期休息不足，超负荷工作，在一次走访中，他突然倒下了。住院时还没等医生和家人同意，他提前办理出院手续，又回到了脱贫攻坚的主战场。如今的韭菜村杨家岭组，已经成为全县脱贫攻坚“感党恩、跟党走”群众思想教育示范点。国务院第三方评估结束，陈炳元再次主动

陈炳元在为残疾人田茂文扛木头

申请继续驻扎在脱贫攻坚第一线，至今他已经驻村三年多了。

教研室蒋道伟老师身体瘦弱，长期吃住在偏远的宋家坡农户家，东家喊东家去，西家喊西家跑。他手里随时都拿着一根木棍，那是由于他长期步行往返于4公里路程的农户与村委会之间，脚上的血泡使他走路一瘸一拐，只能靠那根木棍支撑他单薄的身体。

蒋道伟徒步前往宋家坡

一个人可以走得快，一群人可以走得远。江口县教育局机关干部、百所学校、千余教师、万名学生共同参与的“十百千万”群众思想教育工程助力脱贫成效显著，4次被县脱贫指挥中心评为“先进帮扶单位”，15人次被省、市、县表彰奖励。江口续写了小学、初中教学成绩连续四年稳居全市一流的辉煌，高考成绩也再上新台阶，以校园足球、合唱艺术等为代表的艺体教育在全市持续领航。“三破三立”“四变四破”改革势头强劲。

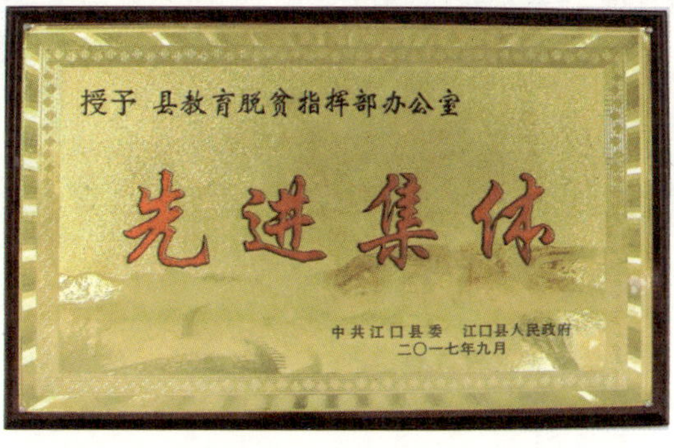

2017年江口县委、县政府授予县教育脱贫攻坚指挥部办公室“先进集体”称号

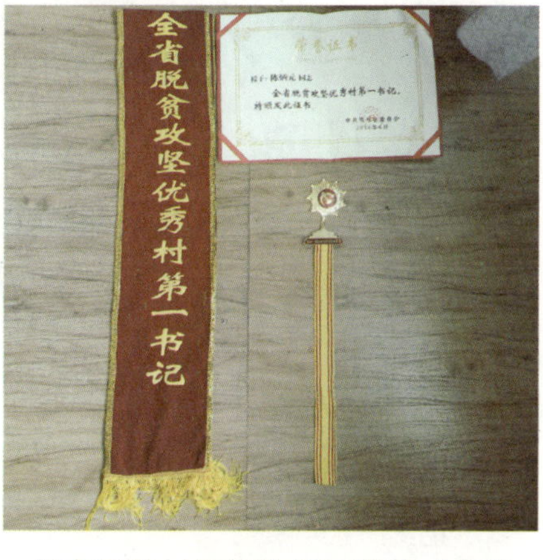

教育局驻村干部陈炳元荣获“全省脱贫攻坚优秀村第一书记”称号

近年来，江口县按照“小县办大教育，穷县办美教育”的理念，深入实施“581”教育均衡发展工程，实现50%的小学生、80%左右的初中生、100%的高中生集中在县城上学。当前正提升实施为“681”工程，汇聚全县教育资源，破解乡村教育教学质量不高的问题，保障城乡学生同等接受优质教育，助推教育扶贫取得新成效。

针对控辍保学这一工作重点难点，江口县严格落实行政、教育“双线”目标责任制和“七长”负责制[①]，成立了控辍保学督战队，选派了驻校干部挂牌督战。按照时间节点，建立了县、乡、村、校四级台账，完成了6—16周岁适龄儿童就读情况排查。建立了控辍保学劝返台账、早婚早育监管台账、残疾儿童就学台账，实现了辍学学生常态化动态清零。切实开展“百校千师访万家”活动，向家长和学生宣传了控辍保学和教育资助等政策。因地制宜开展“4+2”特色教育[②]和“快乐星期五”活动，培养了学生的兴趣爱好，发展了学生的艺体特长，打造了学校的办学特色和品牌。

坝盘完小 2020 年寒假“百校千师”家访暨控辍保学活动

① “七长”责任制：指县长、乡（镇）长、“村长”（村主任）、家长、县教育局长、校长、师长对控辍保学工作的责任落实制度。

② “4+2”特色教育：以“科技之春、运动之夏、感恩之秋、艺术之冬”为主题，让每个学生具有2个方面特长的“4+2”特色教育活动，着力培养学生人文、体育、艺术、科技方面的素质。

2014 年到 2017 年，全县教育经费从 2.8 亿元增加到 5.17 亿元，累计投入教育基础设施资金 11 亿元，新建、改扩建（含维修改造）学校 105 所，建成 80 所山村幼儿园，新增和改扩建面积 50.4 万平方米，新增学位 8000 余个，切实改善了教育基础设施，满足了城乡学生对优质教育的需求。全县新增教师 525 人，有效破解了学科结构不合理、师资紧缺等问题。

一是部门联动，确保助学目标精准。建立教育局、扶贫办、民政局、团委、妇联等部门紧密配合的工作机制，按照“精准识别、动态管理”原则，进村入户摸清底数、瞄准对象，构建覆盖每所学校、每个贫困家庭学龄人口的信息管理机制，明确帮扶目标、任务和责任，并绘制教育扶贫任务书和路线图，按每个时间段的具体任务目标扎实推进。

二是因户施策，确保助学措施精准。与国家学籍系统、扶贫办建档立卡信息系统对接，根据学校实际及学生家庭情况实施具有针对性的帮扶措施，发放《资助政策明白卡》《资助政策兑现告知书》，从学前教育到普通高校 5 个阶段 31 个资助项目逐项宣传落实，实现建档立卡贫困户宣传率、知晓率、学生资助申报成功率 3 个“100%”。

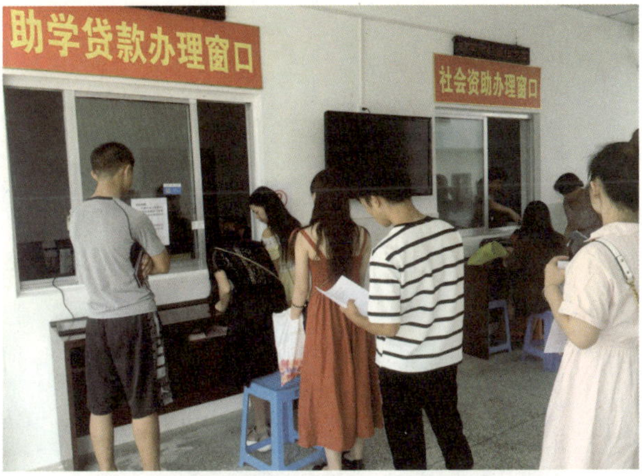

在江口县教育局一楼大厅内，学生们正在分类办理助学金申报事项

三是从严审核，确保助学对象精准。建立“免、助、贷、补”多位一体的资助体系，严格按照程序确定资助类型、资助名单和受助标准，确保贫困学生“应免尽免”“应助尽助”“应贷尽贷”“应补尽补”。2014 年以来，全县兑现各类教育资助资金 3.3 亿元。通过实施“581”教育均衡发展工程，全县城乡孩子同等享受优质的教育资源，实现教育均衡发展，有效切断贫困代际传递。

充满发展希望和美好未来的美丽新江口

乡村振兴是长久之计，需要持之以恒、久久为功。

等孩子们长大了，他们就会走向属于他们的舞台，他们就会星光闪耀，他们就会一步一个脚印走，一棒接着一棒干，奋力绘就新时代江口发展的壮美新画卷。

2019年4月28日，中国北京世界园艺博览会开幕，习近平总书记在开幕式上做了题为《共谋绿色生活，共建美丽家园》的讲话。他指出："我们要维持地球生态整体平衡，让子孙后代既能享有丰富的物质财富，又能遥望星空、看见青山、闻到花香。"

江口县全力巩固脱贫成果，坚持"脱贫不脱政策"，坚持"政策不变、力度不减"。根据贫困村、贫困人口脱贫现状，因地制宜采取巩固提升举措，实行差异化扶持政策。做到扶志与扶智相结合，进一步提高脱贫人口自我发展能力。

做好"三个转变"，由找准帮扶对象向精准帮扶稳定脱贫转变，由关注脱贫速度向保证脱贫质量转变，由开发式扶贫为主向开发式扶贫与保障性扶贫并重转变。围绕贫困户稳定增收目标，通过实施精准管理、产业扶贫、基础设施、易地搬迁、教育扶贫、健康扶贫、就业扶贫、兜底扶贫、乡风文明、基层党建"十大巩固提升工程"，确保实现全县脱贫人口不返贫、退出贫困村不倒退和政策支持只增不减、资金投入只增不减、帮扶力度只增不减。2020年，全县农民人均可支配收入已达到1万元以上，人民群众获得感和满意度进一步提升，如期实现全面小康。让江口天更蓝、山更青、水更绿。

脱贫攻坚是新的时代赋予青年围绕中心、服务大局的大好机遇，是新的时代赋予广大青年艰苦创业、奋发进取的历史使命。

让青春在脱贫攻坚大业中闪光。

尾声
Ending

自信脊梁

脱贫贵在立志。激发贫困群众的内生动力、充分发挥主观能动性是打赢脱贫攻坚战的前提。要坚持共建共享理念，运用好群众工作法，充分依靠人民群众的主体力量，全面调动人民群众的积极性、主动性、创造性，才能取得最终胜利、全面胜利。

围绕精准扶贫、精准脱贫，江口县各机关各部门学政策、结穷亲、常走访，宣传习近平新时代中国特色社会主义思想、宣传党的十九大精神，坚持扶贫与扶志相结合，广大驻村帮扶干部和贫困群众一道，用辛勤劳动创造了美好生活。县、乡 2853 名干部结对帮扶贫困户，把群众当自己的亲人，克服一个个困难，闯过一个个难关。实现了从“要我脱贫”到“我要脱贫”，全县 1920 户贫困群众主动申请脱贫；实现了陋习革新，庭院干净整洁，乡村嬗变如画；实现了干群同心，始终面对面、心连心。干部的辛苦付出换来了群众浓浓的感恩之情，干群关系发生了翻天覆地的变化。

一滴水可以折射出太阳的光辉。有一种爱，它深深地根植于人的内心，如山厚重，如水明澈，这种爱叫奉献。在脱贫攻坚这场战斗中，江口县 24 万人民将拼搏和奉献汇聚成爱的海洋，塑造了一个用美丽战胜贫困的神话，也让这个曾经贫困落后的地方挺起了自信的脊梁。

可扫描二维码观看《江口县脱贫攻坚宣传片》详细了解相关内容

后记

EPILOGUE

人民对美好生活的向往，就是我们的奋斗目标。党的十八大吹响了脱贫攻坚的号角，习近平总书记向全党、全国人民发出了决战决胜脱贫攻坚动员令。25 万江口人民在 1869 平方公里的战场上毅然决然向贫困宣战。

贫困就是敌人，脱贫就是军令！江口全县干部群众众志成城、勠力同心战贫济困。2018 年 7 月，江口县作为全省首批退出国家贫困县接受国务院第三方评估，并取得“零漏评、零错退、认可度 99.05%”全省同批次退出区县第一名的好成绩，在省对县级党委政府脱贫攻坚成效考核中，2016 年、2017 年、2018 年、2019 年、2020 年连续 5 年被评为“好”的等次。

成绩的背后是江口上下齐心、共战贫困的斗志与决心。江口县在中央和贵州省、铜仁市的正确领导下，始终把脱贫攻坚作为第一大事、第一工程，召开千人誓师大会、千人推进大会，立下“不破楼兰终不还”的誓言。在这场输不起的战役中，涌现出很多可歌可泣、战天斗地的扶贫故事。江口县干部职工把群众当作自己的亲人，手拉着手、心贴着心，克服一个个困难，迈过一道道难关，不负韶华、不负嘱托、不辱使命。有人一再推迟婚期，只为脱贫攻坚时不我待；有人父母年迈不能尽孝，亲人故去没能送别……他们，蹲下去，为老人贴膏药、补衣裳、换洗被褥，是群众的贴心人；站起来，拉砖运石、挑水送粮，是脱贫攻坚的生力军。全县上下充分发扬“四拼四争”江口脱贫攻坚精神，实现从整县脱贫摘帽到消除绝对贫困，啃下了“硬骨头”，占领了“主阵地”，攻下了“主山头”，千百年来的贫困“顽敌”就此歼灭！

创业容易，守成难；脱贫容易，巩固难！江口县摘帽后，按照习近平总书记“防止返贫和继续攻坚同样重要”的重要指示精神，围绕“四个不摘”总要求，创新建立防贫监测预警机制，得到了李克强、汪洋、胡春华等中央领导以及省市领导的充分肯定，并代表全国县级层面在国务院新闻办新闻发布会上向全世界介绍防止返贫监测和动态帮扶的经验做法。江口脱贫攻坚案例入选2020年全国高考试题，全国扶贫办主任座谈会、全国金融扶贫现场会、全省“双线合一”现场会，水博会、茶博会先后在江口召开。如今的江口，贫困已成为历史，美丽随处可见，在实现中华民族伟大复兴的道路上书写着绚丽的篇章。

江口的脱贫经验有千百条，一条制胜法宝是“用美丽战胜贫困”。美丽的背后是汗水、智慧以及坚韧不拔的意志和以人民为中心的情怀。无论是县委县政府领导的魄力和担当、远见与卓识，还是各级各部门的高效执行、创新实干；无论是社会各界在干事创业过程中的殚精竭虑、胼手胝足，还是广大人民群众的淳朴善良、勤劳智慧，整个过程中，这些细节时时刻刻都感染着我们。江口县脱贫的种种成就不是凭空得来的，是在他们这种已经几乎形成本能的不懈努力当中一点一滴积累起来的。我们知道，我们的所见所闻，只不过是江口脱贫致富过程中的一个个缩影，但已足够让我们对其肃然起敬。

记录真实，是记录者的责任；挖掘本质，是记录者的追求。

在本书的撰写过程中，得到了江口县党政部门、企业和群众的积极配合支持。感谢江口县委书记杨华祥、县长杨云、县人大常委会主任涂晓华、县政协主席罗时跃、县委副书记龙晓成、副县长陈飞等，正是他们的周到安排和对细节的建议，解决了写作过程中遇到的诸多困难。同时要感谢始终为我们提供协助的江口县扶贫办的各位同志，是他们为本书的写作提供了诸多翔实鲜活的第一手材料。

功成不必在我，功成必定有我。中国的脱贫攻坚事业，是人类向贫穷发起的千年之战；江口县的脱贫攻坚历程，是这项伟大创举的重要构成部分。在这个历史进程中的每个参与者，虽然只像是一粒粒细小的沙石，但是每一粒沙石上面，都刻印着中华民族自古以来的不屈精神。正是这种精神，支撑着我们这个民族跨越历史长河，奔向星辰大海。

路漫漫其修远兮，吾将上下而求索。接过前辈的接力棒，是我们这代人的责任；给予后代以财富，是我们这代人的历史使命。站在历史与未来的交汇点上，我们应该有这样的历史自觉。

本书编写组

2019 年 9 月